KB040008

파시즘의 심리 구조

LA STRUCTURE PSYCHOLOGIQUE DU FASCISME
by Georges Bataille

This Korean edition is published by Secondthesis, Seongnam, Republic of Korea.

파시즘의 심리 구조

지은이 조르주 바타유
옮긴이 김우리

1판 1쇄 발행 2022년 1월 28일
    2쇄 발행 2024년 9월 27일

펴낸곳 두번째테제
펴낸이 장원
등록 2017년 3월 2일 제2017-000034호
주소 (13290) 경기도 성남시 수정구 수정북로 92, 태평동락커뮤니티 301호
전화 031-754-8804 | 팩스 0303-3441-7392
전자우편 secondthesis@gmail.com
블로그 blog.naver.com/secondthesis

ISBN 979-11-90186-19-3 93180

파시즘의 심리 구조

LA STRUCTURE PSYCHOLOGIQUE DU FASCISME

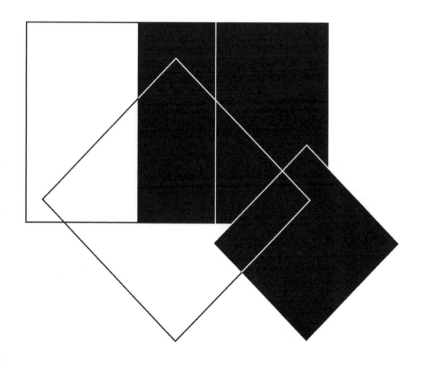

조르주 바타유 지음
김우리 옮김

일러두기

1. 이 책은 『사회 비평La Critique sociale』 nº 10, novembre 1933; nº 11, mars 1934에 수록된 조르주 바타유의 「파시즘의 심리 구조La structure psychologique du fascisme」를 한국어로 완역한 것이다. 해당 원고는 바타유 전집 1권 Œuvres complètes, Tome 1:premiers écrits 1922-1940, Gallimard, 1970, pp. 339-371에도 수록되었으며, 바타유 전문가 미셸 수리야의 해제를 추가하여 2009년 프랑스에서 다음의 단행본으로도 출간되었다. La Structure psychologique du fascisme, Lignes, 2009.

2. 본문에 나오는 이탤릭체는 볼드체로 표기했으며, 책과 잡지 제목은 『 』로 표기하였다. 이외에 이해를 돕기 위해 옮긴이 주를 추가하였다.

3. 외국 인명, 지명은 국립국어원의 외래어 표기법과 용례를 따랐다. 다만 국내에서 이미 굳어진 인명과 지명의 경우 통용되는 표기로 옮겼다. 의미 전달을 위해 필요한 경우 원어나 한자를 병기했다.

차례

La Critique Sociale

Revue des idées et des livres

Sociologie ● Economie politique ● Histoire
Philosophie ● Droit public ● Pédagogie
Mouvement ouvrier ● Lettres et Arts

Paraissant six fois par an

SOMMAIRE

NOVEMBRE 1933

N° 10

Librairie des Sciences Politiques et Sociales
Marcel Rivière, édit., 31 rue Jacob, Paris, 6°

잡지 『사회 비평』 10호 표지

LA STRUCTURE PSYCHOLOGIQUE
DU FASCISME

Le marxisme, après avoir affirmé qu'en dernier ressort l'infrastructure d'une société détermine ou conditionne la superstructure, n'a tenté aucune élucidation générale des modalités propres à la formation de la société religieuse et politique. Il a également admis la possibilité de réactions de la superstructure sur l'infrastructure mais, là encore, il n'est pas passé de l'affirmation à l'analyse scientifique. Cet article représente, à propos du fascisme, une tentative de représentation rigoureuse (sinon complète) de la superstructure sociale et de ses rapports avec l'infrastructure économique. Il ne s'agit cependant que d'un fragment appartenant

à un ensemble relativement important, ce qui explique en grand nombre de lacunes, notamment l'absence de toute considération sur la méthode (1); *il a même été nécessaire de renoncer ici à donner la justification générale d'un point de vue nouveau et de se borner à l'exposé des faits. Par contre, le simple exposé de la structure du fascisme a nécessité comme introduction une description d'ensemble de la structure sociale.*

Il va sans dire que l'analyse de la superstructure suppose le développement préalable de celle de l'infrastructure, étudiée par le marxisme. — G. B.

§ 1. LA PARTIE HOMOGÈNE DE LA SOCIÉTÉ

La description psychologique de la société doit commencer par la partie la plus accessible à la connaissance — en apparence, partie fondamentale — dont le caractère significatif est l'*homogénéité* (2) tendancielle. *Homogénéité* signifie ici commensurabilité des éléments et conscience de cette commensurabilité (les rapports humains peuvent être maintenus par une réduction à des règles fixes basées sur la conscience de l'identité possible de personnes et de situations définies; en principe, toute violence est exclue du cours d'existence ainsi impliqué).

La base de l'*homogénéité* sociale est la production (3). La société homogène est la société productive, c'est-à-dire la société utile. Tout élément inutile est exclu, non de la société totale, mais de sa partie

(1) Là est évidemment le principal défaut de cet exposé qui ne manquera pas d'étonner et de choquer les personnes qui ne sont familiarisées ni avec la sociologie française, ni avec la philosophie allemande moderne (phénoménologie), ni avec la psychanalyse. A titre d'indication, il est cependant possible d'insister sur le fait que les descriptions suivantes se réfèrent à des *états vécus* et que la méthode psychologique adoptée exclut tout recours à l'abstraction.

(2) Les mots *homogène*, *hétérogène* et leurs dérivés sont soulignés chaque fois qu'ils sont pris dans un sens particulier à cet exposé.

(3) Les formes les plus accomplies et les plus expressives de l'homogénéité sociale sont les sciences et les techniques. Les lois fondées par les sciences établissent, entre les différents éléments d'un monde élaboré et mesurable, des rapports d'identité. Quant aux techniques, qui servent de transition entre la production et les sciences, c'est en raison même de l'homogénéité des produits et des moyens qu'elles s'opposent, dans les civilisations peu développées, aux pratiques de la religion et de la magie (Cf. Hubert et Mauss, *Esquisse d'une théorie générale de la magie, dans Année sociologique*, VII, 1902-1903, p. 15).

homogène. Dans cette partie, chaque élément doit être utile à un autre sans que jamais l'activité *homogène* puisse atteindre la forme de l'activité *valable en soi*. Une activité utile a toujours une *commune mesure* avec une autre activité utile, mais non avec une activité *pour soi*.

La commune mesure, fondement de l'*homogénéité* sociale et de l'activité qui en relève, est l'argent, c'est-à-dire l'équivalence chiffrable des différents produits de l'activité collective. L'argent sert à mesurer tout travail et fait de l'homme une fonction des produits mesurables. Chaque homme, selon le jugement de la société *homogène*, vaut selon ce qu'il produit, c'est-à-dire qu'il cesse d'être une existence *pour soi*: il n'est plus qu'une fonction, ordonnée à l'intérieur de limites mesurables, de la production collective (qui constitue une existence *pour autre chose que soi*).

Mais l'individu *homogène* n'est véritablement fonction de ses produits personnels que dans la production artisanale, lorsque les moyens de production sont relativement peu coûteux et peuvent être possédés par l'artisan. Dans la civilisation industrielle, le producteur se distingue du possesseur des moyens de production et c'est ce dernier qui s'approprie les produits: en conséquence, c'est lui qui, dans la société moderne, est fonction des produits; c'est lui, et non le producteur, qui fonde l'*homogénéité* sociale.

Ainsi dans l'ordre actuel des choses, la partie *homogène* de la société est formée par ceux des hommes qui possèdent les moyens de production ou l'argent *destiné à leur entretien ou à leur achat*. C'est dans la classe dite capitaliste ou bourgeoise, exactement dans la partie moyenne de cette classe, que s'opère, à la base, la réduction tendancielle du caractère humain à une entité abstraite et interchangeable, reflet des *choses homogènes* possédées.

Cette réduction s'étend ensuite, autant

『사회 비평』에 실린 「파시즘의 심리 구조」 원문

최종심급에서 사회의 하부구조가 상부구조를 결정하며 조건 짓는다는 것을 단언한 후, 마르크스주의는 종교적·정치적 사회가 형성되는 고유한 양상들에 대해서는 어떠한 일반적인 해명도 시도하지 않았다. 마찬가지로 마르크스주의는 상부구조에서 반작용이 일어날 수 있다는 것을 인정했지만, 이때 역시도 이에 관한 긍정에서 과학적 분석으로까지는 나아가지 않았다. 이 논문은 파시즘과 관련하여 사회의 상부구조를, 또 파시즘이 경제적 하부구조와 맺는 관계를 (완벽하지는 않더라도) 엄밀하게 재현하고자 하는 시도이다. 그렇지만 이 작업은 비교적 큰 규모에 속하는 작업의 한 일부일 뿐이다. 이것으로 이 논문에 수많은 빈틈이 있는 이유, 특히 방법론에 대한 모든 고찰이 부재하고 있는 이유를 설명할 수 있다.[1] 심지어 여기서는 새로운 관점을 일반적으로 정당화하는 것을 단념하고, 사실들에 관한 설명에만 국한해야 할 필요가 있었다. 반면 파시즘 구조에 대해 간결하게 설명하기 위해 서론 격으로 사회 구조에 관해 총체적으로 기술하는 일은 필수적이다.

상부구조 분석을 위한 전제로서 마르크스주의가 연구한 하부구조에 대한 분석을 예비적으로 전개해야 한다는 것은 두말할 필요가 없다.

---

1 이는 분명 이 논문의 주된 결함이며, 프랑스 사회학, 독일 현대 철학(현상학), 정신분석학에도 친숙하지 않은 이들을 놀라게 하고 거슬리게 만들 것이다. 참고로 말하자면, 그럼에도 불구하고 이하의 기술이 **체험된 상태**에 의거한다는 점, 여기서 채택한 심리학적 방법이 추상적 관념에 전혀 의존하지 않았다는 점을 강조할 수 있다.

1. 사회의 동질적인 부분

사회를 심리학적으로 기술하려면, 가장 인식하기 쉬운 부분이자 겉보기에 근본적인 부분, 즉 그 중요한 특성으로 경향적[2] **동질성**[3]homogénéité tendancielle을 갖는 부분에서부터 시작해야 한다. 여기서 **동질성**이란 요소들의 통약가능성 commensurabilité 및 이 통약가능성에 대한 의식을 의미한다 (인간관계는 한정된 인격들과 상황들의 가능한 동일성 의식에 기반을 둔 고정된 규칙들로의 환원을 통해 유지된다. 여기에 함축된 삶의 과정에서 원리상 모든 폭력은 배제된다).

사회적 **동질성**의 기반은 생산이다.[4] **동질적** 사회는 생

---

2 [옮긴이] 『자본』에서 마르크스는 자본주의적 생산 법칙이 지닌 경향들을 분석한다. 경향을 분석한다는 것은 자본주의를 인간의 경제 행위의 영원한 법칙이나 고정불변의 실체로 간주하는 것이 아니라 끊임없는 변화 과정 속에 있는 것으로 파악한다는 것을 의미한다. 바타유가 이 글에서 경향성에 대해 말하는 이유도 이와 같은 맥락에서 이해할 수 있을 것이다.

3 **동질적, 이질적**이라는 단어와 그 파생어들은 이 논문에서 각별한 의미를 지닐 때마다 강조될 것이다.

4 사회적 **동질성**의 가장 완성되고 표현적인 형태는 과학과 기술이다. 과학이 정초한 법칙들은 정교하고 측정 가능한 세계의 상이한 요소들 사이에 동일성의 관계를 수립한다. 기술은 생산과 과학 사이의 중간 단계 구실을 한다. 거의 발전되지

산적인 사회, 즉 유용한 사회다. 모든 무용한 요소는 사회 전체에서가 아니라 사회의 **동질적** 부분에서 배제된다. 이 부분 안에서 각 요소는 다른 요소에 유용해야 하는데, **동질적** 활동은 **그 자체로**_en soi_ **가치 있는** 활동 형태에 결코 이르지 못한다. 유용한 활동은 언제나 다른 유용한 활동과 **공통의 척도**를 지니지만 **자기를 위한**_pour soi_ 활동과는 그러한 척도를 지니지 않는다.[5]

않은 문명들에서 기술이 종교와 주술의 실천과 대립하는 까닭은 바로 생산물과 수단의 동질성 때문이다. 다음을 참조하라. Hubert et Mauss, _Equisse d'une théorie générale de la magie, dans Année sociologique_, VII, 1902-1903, p. 15.

5　[옮긴이] '그 자체로en soi'는 다른 것과 관계 맺지 않고 그 자체로 존재하는 사물의 존재 방식을, '자기를 위한pour soi'은 자기 자신과 관계 맺으며 존재하는, 즉 자기 자신을 대할 수 있는 의식을 지닌 인간의 존재 방식을 가리킨다. 동질적인 사회(자본주의 사회)에 속한 것은 이용될 수 있는 가능성에 따라 그 가치가 매겨진다. 즉 유용한 것이란 다른 것에 의해 이용 가능한 것이다. 이를 존재 방식에서 고찰해 보면, 우리는 그것이 자신과는 다른 것을 위해pour 존재한다고 말할 수 있다. 달리 말해, 동질적 사회에 속한 요소들은 그 자체로나 자기 자신과 관계 맺으면서 존재하는 것이 아니라, 공통의 척도를 통해 비교 및 측정될 수 있는 다른 것들과의 관계 속에서 존재하는 것이다. 이에 반해 그 자체로 존재하거나 자기를 위해 존재하는 방식은 동질적인 요소들과 구별되는 이질적인 것들의 존재 방식이라고 할 수 있을 것이다.

사회적 **동질성** 및 이에 속하는 활동의 토대인 이 공통의 척도는 화폐, 즉 집단적 활동이 낳은 상이한 생산물들에 대한 계산 가능한 등가성이다. 화폐는 모든 노동을 측정하는 데 사용되며, 인간을 측정 가능한 생산물의 한 기능으로 만든다. 동질적 사회의 판단에 따르면, 각각의 인간은 그가 생산한 것만큼 가치가 있다. 말하자면 그는 **자기를 위해** 존재하기를 멈춘다. 인간은 단지 측정 가능한 경계 안에 지정된 (**자기가 아닌 다른 것을 위한** 존재를 구성하는) 집단적 생산의 한 기능[6]에 지나지 않는 것이다.

그러나 **동질적** 개인은 장인이 소유할 수 있는 비교적

6 [옮긴이] 기능fonction이란 유용성을 산출하는 작용, 즉 다른 것을 위해 존재하는 요소들이 행하는 작용이다. 바타유는 현대 사회의 인간이 교회나 귀족, 군주제와 같은 성스러운 중심이 힘을 가졌던 이전 시대보다 집단적 운동의 속박에서 벗어나 있으며, 상대적으로 더 자율적이라고 본다. 그러나 집단적 운동이 줄어들수록 기능적 운동은 증가한다. 생산물이 장인이나 동업 조합에 온전히 귀속될 수 있었던 과거와 달리, 오늘날 인간은 기능적 운동의 궤도, 즉 존재가 유용한 것에 종속되는 비굴한 운동의 궤도 속으로 진입하는 한에서만 그러한 속박으로부터 벗어난다. 바타유는 이를 두고 노동자의 기능이 그의 존재와 혼동되며, 그의 존재를 기능으로 간주하게 된다고 표현하기도 한다. 다음을 참조하라. G. Bataille, "La sociologie sacrée du monde contemporain.", *Lignes*, 2003/3 n° 12, pp. 168-170.

낮은 비용의 생산수단인 수공업적 생산 안에서만 진정으로 자신의 사적 생산물의 기능이다. 산업 문명에서 생산자는 생산수단의 소유자와 구별되는데, 생산물을 전유하는 사람은 후자이다. 결과적으로 현대 사회에서 생산물의 기능은 소유자이며, 사회적 **동질성**을 정초하는 사람 또한 생산자가 아닌 소유자이다.

따라서 사회의 **동질적** 부분은 응당 생산수단을 소유한, 또는 생산수단을 **보존하거나 구매할 용도로 마련된** 화폐를 소유한 사람들에 의해 형성된다. 그 토대에서 인간적 특성의 경향적 환원이 일어나는 곳, 다시 말해 소유된 **동질적 사물들**의 반영인 추상적이고 교환 가능한 실체로의 인간적 특성의 경향적 환원이 일어나는 곳은 이른바 자본가 계급이나 부르주아 계급, 더 정확히는 이 계급의 평균적 부분이다.

곧이어 이러한 환원은 실현된 이윤으로부터 몫을 얻는, 일반적으로 중산층이라 불리는 계급으로까지 가능한 만큼 확장된다. 그러나 노동하는 프롤레타리아는 대부분 환원 불가능한 것으로 남는다. 동질적 활동과의 관계에서 이 계급이 차지하는 입장은 이중적이다. 동질적 활동이 이 계급을 배제하는 것은 노동이 아닌 이윤과 관련해서다. 노동자는 생산의 행위자로서 사회 조직의 틀 안에 포함되지만, 동질적 환원은 원리적으로 그의 임금 활동에만 영향을 미친다. 그는 일반적으로 인간으로서가 아니라 직업상의 행동 양식과 관련하여 심리적 **동질성** 안에 통합된다. 공장 바깥에서, 심지어 그의 기술적 작업 바깥에서 노동자는 **동질적** 인격(고용주, 관료 등)에 비해 이방인, 즉 다른 본성을 지닌, 환원되지 않고 예속되지 않는 본성을 지닌 인간이다.

2. 국가

동시대의 사회적 **동질성**은 본질적인 연관들을 통해 부르주아 계급과 결속한다. 따라서 위태로운 동질성을 위해 국가가 표상될 때 마르크스의 견해는 유지되는 것으로 드러난다.

원칙적으로 사회적 **동질성**은 폭력에 의해, 심지어 내적 불화에 의해 좌우되는 불안정한 형태를 띤다. 그것은 생산 조직의 작용에서 자연발생적으로 형성되지만, 생산에서 이윤을 얻지 못하거나 원하는 것보다 불충분한 이윤을 얻는 요소들로부터, 즉 간단히 말해 **동질성**이 동요에 맞서 가하는 규제를 견디지 못하는 불안정한 다양한 요소들로부터 끊임없이 보호되어야 한다. 이러한 조건 속에서 **동질성**은 상이한 무질서한 힘들을 궤멸시키거나 하나의 규칙으로 환원할 수 있는 명령적 요소들에 의존함으로써 수호되어야 한다.

국가 자체는 이 명령적 요소들 중 하나가 아니며, 국가는 왕이나 군대, 국민의 지도자와 구별된다. 그러나 국가는 동질적 사회의 부분이 명령적 요소들과 접촉하면서 변모된 결과이기도 하다. 이 부분은 동질적 계급과 주권적 심급 사이를 매개하는 형성물formation을 구성한다. 이 형성물은 주권적 심급으로부터 자신의 강제적 특성을 빌려오는 한편, 주권적 심급은 이 매개물을 통해서만 자신의 주권을 발휘한다. 강제적 특성이 어떤 방식으로 하나의 형성물로 전이되는지는 오직 이 주권적 심급과 관련해서만 고찰할 수 있다. 그럼에도 이 형성물이 구성하는 것은 그 자체로 가치 있는 (**이질적인**) 존재가 아니라 항상 다른 부분과 관련해서만 뚜렷한 유용성을 갖는 활동이다.

실질적으로 국가의 기능은 권위와 순응이라는 이중의 작용 안에서 이루어진다. 의회주의를 실행할 때, 절충을

통해 불일치divergence를 환원시키는 작용은 **동질성**이 필요
로 하는 순응의 내적 활동이 지닌 가능한 모든 복잡성을
보여준다. 그러나 동화 불가능한 힘들에 맞서 국가는 엄
격한 권위를 통해 단호한 조치를 취한다.

국가가 민주적인지 독재적인지에 따라 우세한 경향
은 순응이거나 권위이다. 민주주의에서 국가는 대부분의
힘을 자연발생적 동질성(국가는 이를 하나의 규칙으로 고착
시키고 구성할 뿐이다.)에서 끌어온다. 고립된 개인들은 **국
민을 위해**pour la nation 존재하기에 앞서 **그들을 위해** 존재했
을 국가보다 자기 자신을 점점 더 목적으로 간주한다. 그
렇기 때문에 국가에 목적과 동시에 힘을 부여하는 국가의
주권souveraineté 원리, 즉 국민nation은 약화된다. 이 경우, 사
적인 삶은 다른 무엇과도 비교할 수 없는 가치로서 주어
지며 **동질적** 존재와는 구별된다.

3. 사회적 동질성과 국가의 분열, 비판

국가의 제약에만 굴복하는 **이질적** 힘들에 대해 어려운
상황에 처해 있을지라도, 국가는 이 힘들을 무력하게 유

지하기에 충분하다. 그러나 국가는 자신이 단지 옥죄는 형태일 뿐인 사회의 부분에서 일어나는 내적 분열을 이겨 내지 못할 수도 있다.

사회의 **동질성**은 근본적으로 생산 체계의(이 단어의 가장 일반적인 의미에서) 동질성에 의존한다. 따라서 경제 생활이 발달함에 따라 발생하는 각 모순은 **동질적** 사회의 존재가 분열되는 경향을 초래한다. 분열을 향한 이 경향은 모든 수준과 방향에서 가장 복잡한 방식으로 발휘된다. 하지만 그것은 일군의 **동질적** 개인들 가운데에서도 상당한 일부가 기존의 **동질성**의 형태를 보존하려 하지 않는 한에서만(이는 이 형태가 **동질적**이기 때문이 아니라, 그와 반대로 자신의 고유한 특성을 잃어버리고 있기 때문이다.) 극심하며 위험한 형태에 도달한다. 그렇게 되면 사회의 이 분파는 이미 구성되어 있던 **이질적** 힘들과 자연발생적으로 연합하며 그것들과 뒤섞인다.

따라서 경제적 상황은 그 자체가 붕괴시키고 있는 동질적 요소들에 직접적으로 영향을 미친다. 그러나 이 붕괴는 사회적 열광effervescence[7]의 소극적 형태만을 재현한다.

---

7 [옮긴이] effervescence라는 단어 자체는 수용액으로부터 가스가 빠져나가 거품이 이는 현상을 가리키며, 거품이 끓어오르

즉 분열된 요소들은 이 열광의 적극적 형태를 특징짓는 완성된 변질을 겪기 전까지는 영향을 미치지 않는다. 이 요소들이 (분산되어 있거나 조직된 국가 안에) 이미 존재하는 **이질적** 형성물들과 합류하는 순간부터 그것들은 이 이질적 요소들로부터 새로운 특성을, 즉 **이질성**의 일반적인 적극적 특성을 얻는다. 더군다나 **사회적 이질성**은 방향을 상실한 무형의 국가 안에서는 존재하지 않는다. 반대로 그것은 끊임없이 뚜렷하게 구분된 구조를 향하는데, **사회적 요소들이** 이질적 **부분으로 넘어갈 때 이 요소들의 행동은 여전히 이 부분의** 현실적 구조에 **의해 조건 지어진다.**

따라서 극심한 경제적 모순이 해결되는 방식은 역사적 상태 그리고 이와 동시에 열광이 적극적 형태를 얻는 사회의 **이질적** 영역의 일반 법칙에 의존한다. 특히, **동질적**

는 모습 때문에 '열광'이나 '흥분', '활기' 등을 의미하기도 한다. 뒤르켐은 (개인을 공동체에 결속시키는 과정)으로서 집합적 열광efference collective에 주목한 바 있다. 타인과 함께 의례를 치를 때 열광 상태 속에서 개인이 경험하게 되는 유대감과 일체감은 개인의 내면에 집단적 정체성을 형성해 준다. 또한 집합적 열광 상태 속에서 세속적인 일상에서 벗어나 평소와는 다른 강렬한 에너지를 체험하기 때문에, 개인들은 격변의 시기에 사회 전체에 혁명적이고 창조적인 변화를 집단적으로 불러올 수 있다.

사회가 물질적으로 분열되는 순간에 이 영역의 다양한 형성물들 사이에 수립된 관계들에 의존하게 되는 것이다.

그러므로 **동질성**과 그 존재 조건에 관한 연구는 불가피하게 **이질성**에 관한 본질적 연구에 이른다. **동질적**이지 않은 것으로 정의되는 **이질성**에 대한 첫 번째 규정이 배제를 통해 **이질성**의 경계를 설정하는 **동질성**에 대한 인식을 전제하고 있다는 의미에서, **이질성**에 대한 연구는 **동질성**에 대한 연구의 첫 부분을 이룬다.

4. 이질적인 사회적 존재

사회심리학이 지닌 모든 문제는 정확히 말해 연구하기 어려울 뿐만 아니라, 그 존재 자체가 아직 실증적 규정의 대상이 되지 않은 형태를 분석해야 한다는 필연성에서 비롯된다.

이질적이라는 바로 이 용어가 이것이 동화 불가능한 요소들과 관련이 있다는 것을 가르쳐준다. 근본에서부터 사회적 동화에 충격을 가하는 이 불가능성은 마찬가지로 과학적 동화에도 충격을 가한다. 이 두 종류의 동화는 단

독적인 하나의 구조를 갖는다. 과학은 현상들의 **동질성**을 설립하는 것을 목적으로 삼는다. 어떤 의미에서 그것은 **동질성**의 탁월한 기능 중 하나다. 따라서 **동질성**에 의해 배제된 **이질적** 요소들은 마찬가지로 과학적 관심의 장에서도 배제된다. 원리상 과학은 **이질적** 요소 그 자체를 알 수 없다. 환원될 수 없는 사실들, 예를 들어 사회질서와 양립할 수 없는 타고난 범죄자와 마찬가지로, 과학의 동질성과는 양립할 수 없는 본성의 존재를 증명하도록 강제당할 때, 과학은 **모든 기능적 충족을 박탈**당한다(이는 자본주의 공장 속에서 노동자가 이윤의 몫을 취하지 않고 이용당하는 것과 동일한 방식으로 착취당하는 것이다). 확실히 과학은 어떤 추상적인 개체가 아니다. 그것은 과학적 절차에 내재한 야망으로 살아가는 인간들의 집합으로 끊임없이 환원될 수 있다.

이러한 조건에서 적어도 **이질적** 요소들은 사실상 그 자체로 검열에 놓인다. 즉 그것들이 방법론적 관찰의 대상이 될 수 있을 때마다 기능적 만족은 결여되며, 완전히 다른 기원을 지닌 만족감의 개입과 같은 어떤 예외적인 상황이 없다면 이 요소들은 관심의 장 안에서 유지될 수 없다.

이렇게 의식의 **동질적** 영역 바깥으로 **이질적** 요소를 배제하는 것은 그 형태로 보면 검열이 의식적 자아로부터 배제하는 것, 즉 (정신분석학이) **무의식**이라 기술한 요소들을 배제하는 것을 떠올리게 한다. 존재의 **무의식적** 형태를 드러내는 것을 방해하는 어려움은 **이질적** 형태에 대한 인식을 방해하는 어려움과 동일한 차원에 속한다. 게다가 나중에 밝힐 테지만, 이 두 종류의 형태는 어떤 공통적인 특성을 지니고 있으며, 비록 이 점을 바로 분명하게 밝힐 수는 없다고 해도, **무의식**은 **이질성**의 양상들 중 하나로 간주되어야 할 것으로 보인다. 만약 이와 같은 착상이 허용된다면, 억압[8]에 대해 우리가 알고 있는 것을 고려할 때, 때때로 **이질적** 영역 안에서 행해지는 침입incursion이 실증적이며 분명하게 분리된 그 존재를 단적으로 드러내기에는 아직 충분히 조직되지 않았다는 점 또한 더 쉽게 이해할 수 있다.

방금 막 고찰된 내적 난관을 우회하기 위해 여기서 과학에 내재한 경향들의 한계를 정립하고, 지적 환원에 선

---

8 [옮긴이] 이는 주지하다시피 프로이트의 용어로, 불쾌한 고통이나 혐오를 불러일으키는 표상이 의식되지 않고 무의식에서 유지되는 것을 말한다.

행하는 질료matière에 대한 지성의 즉각적인 접근을 전제하는 **설명될 수 없는 차이**에 대한 인식을 구성하는 것이 필수적이라는 점을 지적하는 일은 부차적인 일일 것이다. **이질적**이라는 용어를 정의하는 데에는 잠정적으로 사실들을 그 본성에 따라 설명하고, 이하의 고려 사항들을 소개하는 것만으로도 충분하다.

1. 종교사회학에서 **마나**mana와 **터부**taboo가 보다 일반적인 형태가 특수하게 적용된 제한적 형태들을 가리키는 것과 마찬가지로, **성스러운** 것, **성스러운** 것 자체도 **이질적인** 것에 비해 제한된 형태로 고려할 수 있다. **마나**는 왕이나 주술사와 같은 특정한 개인이 소유하고 있는 신비하고 비인격적인 힘을 가리킨다. **터부**란, 예를 들어 시체나 월경 중인 여성과 관련하여 사회적으로 접촉을 금지한 것을 가리킨다. 이러한 **이질적** 삶의 측면들은 이것들이 관련된 정확하고 제한된 사실들 때문에 정의하기 쉽다. 반면 적용 분야가 상대적으로 넓은 **성스러운** 것을 명백하게 이해하기에는 상당한 어려움이 있다. 뒤르켐은 성스러운 것에 과학의 실증적 정의를 부여하는 일이 불가능하다는 것을 알았다.

즉 그는 성스러운 세계를 세속적인 세계에 비해 절대적으로 이질적인 것으로, 부정적으로 특징짓는 것으로 만족했다.[9] 그럼에도 불구하고 **성스러운** 것이 실제로, 최소한 암묵적으로(모든 언어에서 일상적으로 사용되고 있기 때문에 이 단어의 용법은 인류 전체가 이해하는 의미를 전제한다.) 인식되고 있다는 것을 인정할 수 있다. 이질적 영역과 연관된 가치에 대한 이 암묵적 인식은, 모호하지만 실증적 특성을 성스러운 것에 대한 기술에 전달한다. 그런데 이질적 세계 상당 부분이 성스러운 세계로 구성되어 있다고 말할 수 있으며, 성스러운 것이 유발한 것과 유사한 반응들은, 엄밀히 말해 성스러운 것으로 간주되지 않는 **이질적인** 것에 대한 반응들을 드러내 주기도 한다고 말할 수

---

9 *Les formes élémentaires de la vie religieuse*, 1912, p. 53. [에밀 뒤르켐, 『종교 생활의 원초적 형태』, 민혜숙, 노치준 옮김, 한길사, 2020, 174쪽.] 뒤르켐은 자신의 분석에 따라 **성스러운** 것을 **사회적인** 것과 동일시하는 데까지 이르렀지만, 이러한 동일시는 하나의 가설을 도입할 것을 필요로 하며, 그 효력이 어떠하든 즉각적으로 명백한 정의définition의 가치를 지니지는 않는다(게다가 이 동일시는 근본적으로 감지될 수 있는 **이질적** 요소들의 현존을 회피하기 위해 **동질적** 표상을 정립하는 과학의 경향을 재현한다).

있다. 이 반응들은 **이질적인** 것이 미지의 위험한 힘에 의해 충전된다고 가정된다는 점(이는 폴리네시아의 마나를 상기시킨다), 그리고 접촉에 대한 특정한 사회적 금지(터부)가 **동질적** 세계 또는 (엄밀한 의미에서 종교적 세계와 대립하는 세속적 세계에 해당하는) 통속적 세계로부터 이질적인 것을 분리한다는 점으로 이루어진다.

2. 종교나 주술의 공통된 영역을 구성하는, 엄밀하게 말해 성스러운 것들을 제외한 이질적 세계는 **비생산적** 소모[10]의 결과물 전체를 포함한다(성스러운 것들 자체는 이 전체 가운데 일부를 형성한다). 이는 곧 **이질적** 세계가 쓰레기로서든 초월적인 우월한 가치로서든 **동질적** 사회가 추방한 모든 것, 즉 신체의 배설물이나 이와 유사한 몇몇 물질들(오물, 해충 등), 성애적 의미를 연상시키는 몸의 일부나 사람, 말, 행동 아니면 꿈이나 신경증과 같은 다양한 무의식적 과정, 군중, 군인, 귀족, 빈곤층 그리고 폭력적이거나 적어도

---

10 G. Bataille, «La notion de dépense», dans *La Critique sociale*, n° 7, janvier 1993. [조르주 바타유, 「소비의 개념」, 『저주의 몫』, 조한경 옮김, 문학동네, 2000.] 참조.

규칙을 거부하는 다양한 종류의 개인(미치광이, 선동자, 시인 등)처럼 **동질적** 부분이 동화시키기에 무력한 수많은 사회적 요소들 혹은 형태들을 포함한다는 것을 의미한다.

3. **이질적** 요소들은 사람에 따라 다양한 강도의 정서적 반응을 유발하며, 이에 따라 모든 정서적 반응의 대상은 불가피하게 (일반적으로는 아니라 하더라도, 최소한 주체와 관련해서는) **이질적**이라고 가정할 수 있다. 때로는 매혹이, 때로는 혐오가 일어나며 혐오의 대상이 특정 상황에서는 매혹의 대상이 될 수 있고 그 역도 마찬가지이다.

4. **폭력, 과잉, 정신착란, 광기**는 이질적 요소들을 여러 층위로 특징짓는데, 이는 활동적인actif 개인이나 군중이 사회적 **동질성**의 법칙을 깨뜨림으로써 생산된다. 이와 같은 특징은 자력으로 움직일 수 없는 대상들에는 적절하게 적용되지 않지만, 그럼에도 불구하고 그러한 대상들은 극단적인 감정과 유사성을 보인다(만약 부패하고 있는 시체의 폭력적이며 과도한 본성에 관해 말하는 것이 가능하다면 말이다).

5. **이질적** 요소들의 현실은 **동질적** 요소들의 현실과 동

일한 질서에 속하지 않는다. **동질적** 현실은 엄격하게 한정되고, 동일시된 사물들의 추상적이며 중립적인 측면과 함께 제시된다(이는 기본적으로 고체적 사물의 특수한 현실이다). **이질적** 현실은 힘이나 충격의 현실이다. 마치 대상들의 세계에서가 아니라 주체의 판단 안에서만 변화가 일어나는 것처럼, 그것은 얼마간 자의적으로 한 물체에서 다른 물체로 이동하면서 어떤 하중charge으로, 하나의 가치로 나타난다. 그렇다고 해서 이러한 측면이 관찰된 사실들을 주관적인 것으로 간주해야 한다는 것을 의미하지는 않는다. 예를 들어, 성애적 활동의 대상들의 작용은 명백하게 그것들의 객관적 본성에 근거한다. 그렇지만 주체는 한 요소가 지닌 자극적인 가치를 당혹스러운 방식으로 그와 유사하거나 인접한 것으로 옮길 수 있는 능력이 있다.[11] 따라서 **이질적** 현실 안에서 정서적 가치가 충전된 상징들은 근본적인 요소들과 똑같은 중요성을 지니며, 그 부분은 전체와 동일한 가치를 지닐 수 있다. **동질적** 현실의 인식 구조는 과학의 인식 구조이

---

11 이러한 전치déplacement는 파블로프의 조건반사와 같은 조건
   에서 생산되는 것처럼 보인다.

기 때문에, **이질적** 현실에 대한 인식 구조 자체가 원시의 신비적인 사고 안에서, 또한 꿈의 표상들 안에서 발견된다는 점을 쉽게 확인할 수 있다. 즉 그 구조는 **무의식**의 구조와 동일하다.[12]

6. **요약하자면, 이질적** 존재는 일상생활에 비해 (**정서적** 체험에서 갖게 되는 **실증적** 가치를 이 단어들에 부과함으로써) 완전히 다른 것으로, **통약불가능한** 것으로 표현될 수 있다.

이질적 요소들의 사례

이제부터 앞서 제기한 주장을 실재하는 요소와 결부시켜 보겠다. 파시스트 지도자들은 논쟁의 여지없이 이질적 존재에 속한다. 다양한 나라들의 **동질적** 사회에 내재한 진부함을 대표하는 민주주의 정치인들과는 달리, 무솔리

---

12 원시적 사고에 관해서는 Lévy-Bruhl, *La Mentalité primitive; Cassirer, Das mythische Denken*; [뤼시앙 레비-브륄, 『원시인의 정신 세계』, 김종우 옮김, 나남출판, 2011; 에른스트 카시러, 『상징형식의 철학II-신화적 사고』, 도서출판b, 심철민 옮김, 2012.], 무의식에 관해서는 Freud, *La Science des rêves.* [지크문트 프로이트, 『꿈의 해석』, 김인순 옮김, 열린책들, 2020.]을 참조하라.

니나 히틀러는 즉각 **완전히 다른** 것으로 눈에 띈다. 진화 évolution의 정치적 행위자로서 그들의 현실적 존재가 유발하는 감정이 무엇이든 간에, 그들을 인간과 정당, 심지어 법 위에 위치시키는 **힘**, 즉 사태의 규칙적인 흐름과 평온하지만 지루하며 스스로를 유지하기에는 무력한 동질성을 깨부수는 **힘**을 의식하지 않기란 불가능하다(적법성을 무너뜨린다는 사실만이 파시스트적 행동이 지닌 초월적·**이질적** 본성에 대한 가장 분명한 신호일 것이다). 외적 행동과 관련해서가 아니라 그 근원과 관련지어 생각할 때, 지도자가 지닌 **힘**은 최면 상태에서 발휘되는 힘과 유사하다.[13] 지도자와 추종자들을 결속시키는 정서적 흐름, 이것은 추종자들과 그들이 따르는 지도자와의(그리고 그 역으로) 도덕적 동일시[14]의 형태를 띠고는 하는데, 이러한 흐름은 갈수록 **폭력적**이며 갈수록 **과도해지는** 권력 및 에너지에 대한 공통

---

13   추종자와 지도자의 정서적 관계 그리고 최면 상태와의 유사성에 대해서는 다음을 참조하라. Freud, *Psychologie collective et analyse du «moi»* (trad. fr. 192[4]; republié dans *Essais de psychanalyse*, 1929). [지크문트 프로이트, 『집단 심리학과 자아 분석』, 이상률 옮김, 이책, 2015.]

14   W. Robertson Smith, *Lectures on the Religion of the Semites, First series, The Fundamental Institutions*, Édimbourg, 1889. 참조.

의식이 기능한 결과이다. 이러한 권력 및 에너지는 지도자의 인격 안에 축적되며, 그는 이를 무한정 사용할 수 있다. 그런데 오직 한 인격 안에 축적되는 이 집중은 이질적 영역의 내부 자체에서 파시스트의 형성을 구별하는 요소로 작용한다. 즉 정서적 열광이 통일에 이른다는 바로 그 사실 자체로 인해, 그러한 집중은 **권위**로서 인간들에 **반反하는** 심급을 이루는 것이다. 이 심급은 유용하기 이전의 **자기를 위한** 존재인데, **"자기를 위한"**이라는 의미는 "반란을 일으킨 사람들을 위한"을 의미하는 형태 없는 반란의 그것과는 구분되는 **자기를 위한 존재**이다. 이 **군주제**, 이 권력의 행사에서 모든 민주주의와 형제애fraternité의 이러한 부재, 이탈리아나 독일에서만 존재하는 것이 아닌 이 형태들은, 어떠한 정확한 설명의 대상도 될 수 없는 초월적 원칙을 위해 인간의 직접적인 자연적 욕구가 강제적으로 포기되어야 한다는 것을 가리키고 있다.

전혀 다른 지위이지만, 가장 낮은 사회 계층도 마찬가지로 이질적인 것으로 묘사될 수 있다. 왜냐하면 그들은 일반적으로 혐오를 유발하며 어떤 경우에라도 인류 전체에 동화될 수 없기 때문이다. 인도에서 이 빈곤층은 **불가촉천민**intouchable으로 간주된다. 즉 이 계급은 성스러운 것에 적용되는 것과 유사한 방식으로 접촉을 금지당한다는 점에서 특징지을 수 있다. 사실 선진 문명 국가들에서 풍습은 덜 의례적이며, **불가촉**이라는 성질도 더 이상 의무적으로 세습되지 않는다. 그럼에도 불구하고 이러한 나라들에서는 빈곤한 인간으로 존재하는 것만으로도 자신과 스스로를 정상인이라 여기는 타인들 사이에 거의 극복할 수 없는 격차를 만들기에 충분하다. 이 구역질나는 쇠락의 형태들은 몹시 참을 수 없는 혐오감을 유발하기 때문에 그것을 표현하거나 암시하는 것조차 부적절하다고 여겨진다. 인간의 물질적 불운은 왜곡의 심리적 질서에 분명 **과도한** 결과를 낳는다. **운이 좋은** 사람들이 (법적 정당화를 가난에 대립시키는) **동질적** 환원을 겪지 않은 경우, 자비로운 동정과 같은 부끄러운 회피의 시도들을 제외한다면, 반발의 절망적인 맹렬한 폭력은 즉각 이성에 대한 도전의 형태를 취한다.

5. 이질적 세계의 근본적 이원론

앞선 두 가지 예시는 엄밀한 의미에서의 성스러운 영역

에서가 아니라 보다 넓은 **이질성**의 영역에서 끌어온 것들이지만, 그럼에도 성스러운 영역에 대한 구체적인 특성을 제시한다. 추종자들에 의해 뚜렷하게 성스러운 인물로 취급되는 지도자와 관련하여 이 유사성은 쉽게 나타난다. 그것은 어떠한 숭배의 대상도 되지 않는 비참의 형태들과 관련해서는 훨씬 불분명하다.

그러나 이러한 비천한 형태들이 성스러운 특성과 양립할 수 있다는 것을 드러내는 것은, 성스러운 영역에 대해서만이 아니라 **이질적** 영역에 대한 인식에서 실행된 결정적 진보이다. 성스러운 형태들의 이원성에 대한 개념은 사회인류학이 얻은 결과 중 하나다. 이 형태들은 **순수**와 **불순**이라는 대립되는 두 계층으로 분류되어야 한다(원시 종교에서 특정한 불순한 것들, 예를 들어 생리혈은 신성한 자연만큼이나 성스럽다. 근본적인 이원성에 대한 이러한 의식은 비교적 최근까지 지속되었다. 가령 중세시대 **사케르**_sacer_라는 단어는 부끄러운 병으로 여겨진 매독을 가리키는 데 사용되었으며 이 용법의 심층적 의미는 여전히 이해 가능한 것이었다). 불순하고 불가촉이라는, 성스러운 비참이라는 주제는 정확히 극단적인 두 형태의 대립으로 특징지어지는 한 영역의 음극을 구성한다. 즉 어떤 의미에서 영광과 쇠락 사이에, 고결하고 명령적인 (우월한) 형태들과 비참한 (열등한) 형태들 사이에 동일성이 존재하는 것이다. 이러한 대립은 **이질적** 세계 전체를 분할하며 이미 규정된 **이질성**의 특성에 근본적 요소로서 추가된다(적어도 선진 사회에서, 미분화된 **이질적** 형태는 실제로 비교적 드물다. 그리고 **이질적** 사회의 내적 구조에 대한 분석은 거의 전적으로 이 두 상반물의 대립에 대한 분석으로 환원된다).

6. 이질적 존재의 명령적 형태: 주권

이질적인 파시스트의 행동은 우월한 형태들의 집합에 속한다. 파시스트는 전통적으로 **고결하고 고귀한** 것으로 정의되는 감정에 호소하며, 권위를 모든 실용적 판단 위에 위치한 무조건적 원칙으로 구성하려 한다.

우월한, 고귀한, 고결한이라는 단어를 사용한다는 것은 분명 어떤 동의를 함축하지 않는다. 여기서 이 수식어들은 **역사적으로** 우월하거나 고귀하다고 또는 고결하다고 정의되었던 범주에 대한 소속을 가리킬 뿐이다. 이러한 참신하고 개성적인 착상은 이 수식어들이 파생된 전통적인 착상과의 관계 속에서만 고려될 수 있다. 더욱이 이러한 착상은 비록 큰 효력을 갖지 않더라도 불가피하게 혼종적이며, 가능하다면 분명 이 질서에 대한 어떠한 재현도 포기하는 것이 바람직할 것이다. (어떤 합당한 이유로 인간은 중세의 대표자, 군대의 특권 계급과 유사해지기를, 고귀해지기를 원하는가? 어떤 합당한 이유로 결코 비천해지지 않기를, 즉 역사적 판단에 따라 자신의 물질적 비참이 인간적 특성을 변질시킬, **완전히 다른 것으로** 만들게 될 그런 인간과 유사해지지 않기를 원하는가?)

이와 같은 신중함을 표명했으므로, 전통적 수식어구들의 도움을 받아 우월한 가치들의 의미를 명확히 해야 한다.

우월성(명령적 주권[15])이란 인간들의 여러 다양한 상황에 고유한, 정서적으로 매혹이나 혐오를 결정하는 인상적인 측면들 전체를 가리킨다. 다양한 인간적 상황에서는 나이나 신체적 약점, 법적 지위 때문에, 아니면 그저 단 한 명의 지휘 아래 놓여야 한다는 필요성 때문에 동류同流 semblable를 지배하거나 억압할 수 있다. 다양한 사태에서

---

15 **주권적**souverain이라는 단어는 **우월한**supérieur을 의미하는 통속 라틴어 단어 superaneus의 형용사에서 유래한다.

아버지와 자녀, 군 지휘관과 군인 및 일반 시민, 주인과 노예, 왕과 그의 신하들 따위의 한정된 상황들이 부합한다. 이 실재하는 관계들에 신화적 상황들이 덧붙여지며 신화적 상황들의 전적으로 허구적인 본성은 우월성을 특징짓는 양상들의 응축[16]을 촉진한다.

동류를 지배한다는 단순한 사실은 적어도 그가 주인인 한에서는 주인의 **이질성**을 암시한다. 말하자면 권위를 정당화하기 위해 자신의 본성과 개인적 자질에 의거하는 한에서, 그는 이를 합리적으로 설명하지 못한 채 자신의 **본성**을 **완전히 다른 것**으로 가리키는 것이다. 그런데 주인의 **이질성**은 척도와 등가성을 지닌 합리적 영역에 비하자면 **완전히 다른 것**일 뿐만 아니라, 노예의 이질성과도 대립한다. 노예의 이질적 본성이 그의 물질적 상황이 살아 내도록 선고한 오물의 본성과 뒤섞인다면, 주인의 본성은 모든 오물을 배제하는 행위, 즉 순수를 향하지만 가학적 형태를 띠는 행위 안에서 형성된다.

인간적 차원에서 완성된 명령적 가치는 왕이나 황제

16　[옮긴이] 프로이트 정신분석학에서 응축condensation이란 다양한 무의식적 사고들이 혼합되어 꿈속에서 하나의 표상으로 나타나는 작용을 말한다. 이 경우에는, 우월성의 다양한 특징들이 한 인물에게 집중되는 것을 의미한다.

가 지닌 권위의 형태로 나타난다. 이 형태 안에서는 잔인한 경향과 모든 지배가 갖는 특징인 질서를 실현하고 이상화하려는 욕구가 지나칠 정도로 표면화된다. 파시즘적 권위는 (왕적 권위) 못지않게 이 이중적 특성을 보여주지만 왕적 권위의 수많은 형태 가운데 하나일 뿐이며, 이 왕적 권위에 대한 일반적 기술이 파시즘을 전적으로 일관되게 기술할 수 있는 토대를 이룬다.

억압받는 자들의 비참한 존재와 대립되는 정치적 주권은 무엇보다 명백하게 분화된 가학적인 활동으로 나타난다. 개인 심리학에서는 동일한 한 사람 안의 가학적 경향이 다소 노골적인 피학적 경향과 결부되지 않는 일이 드물다. 그러나 사회에서는 각 경향이 보통 구별되는 심급으로 표상되며, 가학적 태도는 그에 상응하는 일체의 피학적 태도에 가담하는 것을 배제하는 명령적 개인을 통해 드러날 수 있다. 이 경우, 잔인한 행위의 대상으로 기능하는 불결한 형태들을 배제하는 것이 이 형태들을 가치로 정립하는 것을 수반하지 않으며, 그 결과, 어떠한 성애적 활동도 잔인성과 결부될 수 없다. 성애적 요소들 자체는 모든 불결한 대상들과 동시에 추방되며, 사디즘은 수많은 종교적 태도 안에서처럼 눈부신 순수성을 획득한다.

이 분화는 어느 정도 완성될 수 있다. 군주는 개별적으로 유혈이 난무하는 권력을 일부 체험할 수 있었다. 하지만 전체적으로 명령적인 왕의 형태는 **이질적** 영역의 내부에서, 어떤 차원에서는 **동질적** 형태들과의 연관을 발견하기에 충분한 비참하거나 불결한 형태들에 대한 배제를 역사적으로 실현했다.

실제로 **동질적** 사회가 원리상 불결하거나 고귀한 모든 **이질적** 요소들을 제외한다면, 그 작동 양상은 제외된 각 요소의 본성에 따라 달라진다. 동질적 사회에서는 비참한 형태들에 대한 거부만이 끊임없는 근본적 가치가 있다(그래서 이 형태들이 표상하는 보유된 에너지에 조금이라도 의존하는 것은 **전복**하는 것만큼이나 위험한 작동을 요구한다). 그러나 비참한 형태들을 배제하는 행위는 불가피하게 **동질적** 형태와 명령적 형태를 결부시키기 때문에 이 후자는 더 이상 완전히 추방될 수 없다. 가장 양립할 수 없는 요소들에 맞서 **동질적** 사회는 사실상 자유로운 명령적 힘을 사용한다. 그리고 동질적 사회가 자신이 배제했던 영역 안에서 활동의 대상 자체(**자기를 위한** 존재, 동질적 사회는 이 존재를 위해 자리 잡아야 한다.)를 선택해야 할 때, 그 선택은 그 실행이 원리상 가장 이로운 방향으로 작용했다는 것을 보여줬던 힘들에 놓일 수밖에 없다.

군주들로 하여금 비참한 인구를 억압 상태로 유지하려고 하는 모든 형성물과 가까워지도록 만드는 것이 이 후자를 향한 그들의 가학적 적대인 것과 마찬가지로, 사회를 명령적 힘들에 의존하는 상태로 놓아두는 것은 바로 자기 자신 안에서 존재해야 할 이유와 행동해야 할 이유를 발견하지 못하는 **동질적** 사회의 무능력이다.

위엄 있는 개인이 행하는 배제의 양상으로부터 다음과 같은 복잡한 상황이 기인한다. 즉 동질적 사회가 자신의 존재 이유를 발견했던 대상이기 때문에, 이 관계를 유지하기 위해 왕은 **동질적** 사회가 **그를 위해** 존재할 수 있는 그런 방식으로 행동하도록 요구받는다. 이 요구는 무엇보다 수많은 접촉에 대한 금지들(터부들)에 의해 보증되는 군주의 근본적인 **이질성**에 부과된다. 그러나 이 **이질성**을 자유로운 상태로 유지하기란 불가능하다. 어떠한 경우에도 **이질성**은 바깥에서 자신의 법을 부여받을 수 없지만, 그것의 자연발생적 운동은 적어도 경향적으로, 완전히 고정될 수 있다. 그리하여 명령적 심급의 파괴적 정념(사디즘)은 낯선 집단이든 빈곤층이든, 원리상 오로지 **동질성**에 적대적인 외적이거나 내적인 요소 전체에 반한다.

역사상 나타났던 왕권들은 이러한 상황에서 기인한 형태다. 왕권의 적극적 기능과 관련된 결정적인 역할은 통일화 원리 자체를 위해 예비된 것으로, 이는 정서적 선택을 유일한 **이질적** 대상에게 놓는 개인들의 집합 안에서 실제로 행해진다. 방향의 공통성은 그 자체로 구성적 가치를 지닌다. 이 공통성이란 대상의 명령적 특성을 전제한다는 것을 말한다. 이는 모호하더라도 사실이다. 결합 union, **동질성**의 원리는 자기 안에서 자신의 존재를 요구하며 강요할 동기를 발견할 수 없는 경향적 사실일 뿐이며, 대부분의 상황에서 바깥에서 끌어온 요구에 의지하는 것은 긴요한 가치가 있다. 그런데 순수한 **당위**, 도덕 명령은 **자기를 위한** 존재, 즉 **이질적** 존재의 특수한 양태를 필요로 한다. 그러나 이 존재는 자기 자신과 관련된다는 점에서 정확하게 **당위**의 원리에서 벗어나며, 어떠한 경우에도 그것에 종속될 수 없다. 그것은 직접적으로 **존재**에 접근한다(달리 말해, 그것은 결코 **생성**의 가치로서가 아니라 **존재**나 **비존재**의 가치로 생산된다). 이 양립불가능성에 대한 해결책이 도달하는 복잡한 형태는 **이질적** 존재 안에 **동질적** 존재의 **당위**를 정립한다. 따라서 명령적 **이질성**은 **모호한** 이질성에 비해 분화된 형태만을 재현하는 것이 아니다. 그 외에도 그것은 두 부분, 즉 **동질적** 부분과 **이질적** 부분이 접촉할 때 생기는 구조의 변모를 전제한다. 한편으로 왕의 심급과 인접한 **동질적** 형성물, 즉 국가는 이 심급으로부터 자신의 명령적 특성을 빌려오며, 동질적 사회 전체의 헐벗고 차가운 **당위**를 실현함으로써 **자기를 위한** 존재에 이른 것처럼 보인다. 그러나 국가는 실제로는 정점에서 정서적 매혹과 왕의 심급으로 요구된 생생한 **당위**의 추상적인 강등된 형태일 뿐이다. 즉 국가는 제약된 모호한 **동질성**에 불과하다. 다른 한편으로, 국가를 특징짓는 이 매개적 형성물의 양태는 반작용으로 명령적 존재에 침투한다. 그런데 이 입사[17] 과정에서 **동질성**의 고유한 형태는 이

---

17 [옮긴이] 이 대목에서 바타유는 미분화 상태의 이질성이 동질성과 접촉함으로써 명령적 형태(왕의 주권)로 분화되는 과정을 설명하고 있다. 한 사회에서 구성원들에게 도덕 법칙 및 사회 법규를 준수하도록 강제하려면, 그때는 어떤 초월적 가치(즉 우월한 이질적 존재)가 필요하다. 그러나 존재와 당위 사이에는 간극이 있기 때문에, 국가가 이 둘의 매개 역할을 한다는 것이다. '입사introjection'란 외부에 있는 대상을 자아가 자기 내부로 이끌어 와 동일시하는 과정을 가리키는 정신분석학 용어다. 이를 통해 바타유는 국가가 이질적 존재인 왕이 지닌 명령적 특성을 전유하는 기제를 설명한다. 국가란 원칙적으로 매개적 형성물에 지나지 않지만, 입사를 통해 국가가 대자적 존재, 즉 자기 목적적 존재인 국가 이성의 형태에 이른다는 것이다.

번에는 정말로 자기 자신을 부정하면서 **자기를 위한** 존재가 된다. 즉 유용성 원리의 부정이 됨으로써 모든 종속을 거부하기 때문에 그것은 **이질성** 안으로 흡수되며 엄밀히 말해 **동질적인** 것으로서 파괴된다. 왕은 **국가 이성**에 의해 심층적으로 침투pénétré되지만, 그럼에도 불구하고 그것과 동일시되지는 않는다. 그는 전적으로 신성한 다수majorité divine의 고유하고 단호한 특성을 유지한다. 왕은 동질성의 특수한 원리로부터, 국가의 형식적인 법을 구성하는 권리와 의무의 절충으로부터 벗어난다. 즉 왕의 권리는 무조건적이다.

이러한 정서적 형성물들의 가능성이 인간 삶의 형태 대부분을 (작용 중인 힘이 필연적으로 사회적인 한에서, 그 자체가 명령적 형성물들로 환원될 수 있는 힘의 남용보다 훨씬 더 많이) 강등시키는 무한한 예속화를 가져왔다는 것을 설명할 필요는 거의 없을 것이다. 지금부터 주권의 매혹적 가치에 책임 있는 주체들이 역사적으로 체험했던 바대로의, 그럼에도 어떠한 특수한 현실과는 무관하게 경향적 형태 아래의 주권을 고찰한다면, 인간적 차원에서 주권의 본성은 통음 난무의 한복판에서 인간적 불구가 도달할 수 있는 범위를 넘어서서 존엄으로까지 고양된, 가장 고귀하며 순수한 것으로 나타난다. 주권은 억압받는 주체가 공허하지만 순수한 만족이라고 말하는 사리사욕에 따른 술책intrigues d'intérêt에서 형식적으로 면제된 영역을 이룬다(이러한 의미에서 수치스러운 현실 위에 왕의 본성을 구축하는 일은 영생불멸을 정당화하는 허구를 소환한다). 경향적 형태로서 주권은 사회와 사태 흐름의 **이상**을 실현한다(주체의 정신에서 이 기능은 다음과 같이 순진하게 표현된다. **만일 왕이 아신다면···**) 동시에 그것은 엄격한 권위이다. **동질적** 사회 위에서, 그로부터 유래한 비참한 인구나 귀족 계급 위에서, 주권은 자신을 거스르는 것에 대한 피비린내 나는 억압을 요구하며, 그 단호한 형태 안에서 법의 이질적 토대와 뒤섞인다. 따라서 주권은 집단적 통일의 가능성이면서도 동시에 요구인 것이다. 왕의 영향권 안에서 국가와 강압coercition과 순응이라는 국가의 기능이 생성되며, 왕의 권세를 위해 파괴이자 동시에 창설이기도 한 동질적 환원이 전개된다.

셀 수 없이 많은 요소들을 연합시키는 원리로 자리매김하면서, 자연발생적으로 왕권은 자신과 대립할 수 있는 다른 모든 명령적 형태들에 반하는 명령적이며 파괴적인 힘으로 전개된다. 그렇기 때문에 왕권은 정점에서 근본적인 경향이자 모든 권위의 원리로, 즉 인격적 통일unité personnelle로의 환원으로, 권력의 개별화individualisation로 나타난다. 비참한 존재는 불가피하게 다중multitude으로, 동질적 사회는 공통 척도로의 환원으로 산출되는 한편, 명령적 심급, 억압의 토대는 동류의 가능성 자체를 배제하는 인간 존재자 형태, 달리 말해 탐욕을 요구하는 근본적 배제 형태의 통일성으로의 환원이라는 방향으로 필연적으로 발전한다.

7. 경향적 집중

이러한 집중 경향은 권력의 구별되는 지배 영역들의 공존과는 분명 모순되는 것으로 나타난다. 왕의 주권이 지배하는 영역은 군사력의 그것과도 다르고, 종교적 권위가 지배하는 영역과도 다르다. 그러나 정확히 이 공존을 확인하는 것은 다른 두 가지 구성 요소, 즉 군사적 권력과 종교적 권력이 쉽게 발견되는 왕권의 혼합적 특성에 주목하는 것이다.[18]

---

18 프로이트는 『집단 심리학과 자아 분석』에서 정확하게 그가

따라서 왕의 주권을 군대나 종교 단체처럼 그 자체로 자율적인 근원을 소유하고 있는 단순한 요소로 간주해서는 안 된다는 점이 분명해진다. 즉 왕의 주권은 정확하게 (나아가 유일하게) 다른 두 방향 안에서 형성된 이 두 요소의 집중이 실현된 것이다. 군대와 종교 권력의 끊임없는 순수 상태로의 재탄생이 단일한 주권 형태 아래 그것들의 경향적 집중의 원리를 변화시킨 적은 없었다. 기독교에 대한 형식적 거부마저도, 통속적인 상징적 용어를 사용하자면 십자가가 검을 들고 왕위에 오르는 것을 막지 않았던 것이다.

역사적으로 고찰했을 때, 이 집중은 자연발생적으로 실현될 수 있었다. 군 지휘관은 무력을 통해 **왕**으로 축성 consacrer되는 데 성공하였으며 축성된 **왕**은 병권을 장악했다(최근 일본의 천황은 그 자신의 자발성initiative이 결정적 역할을 하지 않았음에도 이 후자의 형태를 실현했다).[19] 그러나 매

자아 이상 혹은 **초자아**라고 부르는 개인 심리학의 명령적(무의식적) 형태와의 관계 속에서 군사적 기능(군대)과 종교적 기능(교회)을 연구했다. 만일 현재 연구에서 수립한 비교 전체를 참조한다면, 독일에서 1921년에 출간된 이 작품은 파시즘을 이해하는 데 필수적인 입문서로 나타날 것이다.

19 [옮긴이] 천황 쇼와 히로히토를 말하는 것으로 보인다. 히로

번, 심지어 왕위가 **찬탈되는** 경우에도 권력들의 재결합 가능성은 그것들의 근본적인 친화성, 그리고 특히 경향적 집중에 의존했다.

　이러한 사실들을 지배하는 원리를 고려하는 것은 파시즘이 그것들의 역사적 존재를 쇄신하는 순간부터, 즉 완전한 탄압을 실현하기 위해 군사적·종교적 권위를 결집시키는 순간부터 틀림없이 중요해진다(이 점에서 명령적 형태들의 무제한적이면서도 전적인 실현은 이 형태들의 내적 대립작용에 의존하는 가치로서 인간성에 대한 부정의 의미를 지닌다고, 다른 모든 정치적 판단에 대한 선입견 없이 단언할 수 있다). (어원적으로 **재결합, 집중**을 의미하는) 파시즘[20]은 보나파르티즘[21]과 마찬가지로 잠재적인 주권적 심급이 급격하게

　히토는 1926년에 제124대 천황으로 즉위하였으며 신성불가침의 살아 있는 신이자 최고의 군 통수권자로 군림하였으나, 2차 세계대전 패배 후 인간 선언을 하고 상징 천황이 되었다.

20　[옮긴이] 파시즘fascisme이라는 말은 라틴어 파스케스fasces에서 유래했다. 이 단어는 애초에 '묶음', '속간' 등을 의미하였으나 그로부터 '결속' 또는 '단결'의 뜻으로 전용되었다.

21　[옮긴이] 보나파르티즘bonapartisme은 마르크스가 『루이 보나파르트의 브뤼메르 18일』에서 사용한 개념으로, 1851년 황제로 즉위한 나폴레옹 3세의 독재 권력을 일컫는다. 부르주아지도 프롤레타리아트도 헤게모니를 쥘 수 없었던 당대의

재활성화된 것에 지나지 않지만, 권력을 구성할 때 군대를 대체한 민병대가 직접적으로 이 권력을 대상으로 삼는다는 사실 때문에 정화淨化된 특성을 지닌다.

8. 군대와 군 지휘관

원리적으로 또 기능적으로 군대는 전쟁 때문에 존재하며, 군대의 심리적 구조는 전적으로 그 기능의 행사로 환원된다. 그러므로 군대의 명령적 특성은 직접 무기를 보유할 수 있는 물질적 권력과 관련된 사회적 위세에 기인하지 않는다. 군대를 전형적인 귀족 집단으로 만드는 것은 군대의 내적 조직, 즉 규율과 위계질서다.

무엇보다 분명히 **군대**의 **고귀함**은 강렬한 **이질성**을 전제한다. 규율이나 위계질서 그 자체는 **이질성**의 여러 형태일 뿐, 그것의 토대가 아니다. 유혈, 대량학살, 죽음만이 근본에서부터 군대의 본성에 부합한다. 그러나 전쟁에 대

세력 균형 위에서 루이 보나파르트는 분할지 소농민의 지지에 힘입어 대통령으로 당선되었지만, 이후 군사 쿠데타를 일으켜 전제정을 복원하였으며 부르주아지의 기본적인 이해관계를 수호했다.

한 애매한 공포는 여전히 (엄밀히 말해, 미분화된) 낮은 **이질성**만을 소유할 뿐이다. **군대**의 고결하고 고양된 방향성은 군대의 응집력에 필수적인, 즉 군대의 유효한 가치에 필수적인 정서의 통일화를 전제한다.

이 통일화의 정서적 특성은 군 지휘관에 대한 군인의 애착이라는 형태로 나타난다. 이는 군인들 각각이 전자의 명예를 자신의 명예로 간주한다는 것을 함축한다. 바로 이 과정의 매개를 거쳐 메스꺼운 살육전이 근본적으로 그것과 상반되는 명예로운 것, 즉 순수하고 강렬한 매혹으로 변형된다. 지휘관의 명예는 근본적으로 군인들의 비천한 본성과 반대되는 일종의 정서적 극점을 구성한다. 심지어 그들의 끔찍한 직무와 별개로, 군인들은 **원리상** 인구의 천한 부분에 속한다. 군복을 벗고 일상복을 입으면 18세기 상비군은 비참한 서민의 외관을 지녔을 것이다. 그러나 빈곤층으로부터 징병을 완전히 폐지한다고 해도 군대의 심층적 구조를 바꾸는 데에는 충분치 않을 것이며, 이 구조는 계속해서 군인들의 사회적 비열함 위에 그 정서적 조직의 토대를 둘 것이다. 군대로 합병된 **인간 존재**는 부정된, 각 구령口令의 어조에서 드러나는 (사디즘의) 일종의 맹렬한 위세로 인해 부정된, 열병식 안에서 군복과

율동적인 움직임으로 실현된 **기하학적** 규칙성에 의해 부정된 요소일 뿐이다. 지휘관은 그 스스로가 명령적인 한에서, 이 폭력적 부정의 육화이다. 그의 내밀한 본성, 즉 그가 지닌 명예의 본성은 (군대를 이루는) 천한 서민 그 자체를 폐기하는 명령적 행위 안에서 (살육전 자체를 폐기하는 것과 동일한 방식으로) 구성된다.

사회심리학에서 이 명령적 부정은 일반적으로 **행동**이라는 고유한 특성으로 나타난다. 달리 말해, 긍정된 모든 사회적 **행동**은 불가피하게 **주권**과 통일되어 있는 심리적 형태를 취하는데, 정의상 수동적인 모든 열등한 형태, 모든 불명예는 행동으로의 이행이라는 단순한 사실로 인해 그 대립물로 변형된다. 무기력한 결과물인 살육전은 비천하지만, 그렇게 수립된 비천한 **이질적** 가치는 그것을 규정한 사회적 행동으로 전치됨으로써 고귀해진다(죽이는 행위와 고귀함은 한결같은 역사적 유대를 통해 연합해 왔다). 즉 **행동**이 스스로를 정말로 그렇게 드러내고, 자신을 구성하는 명령적 특성을 자유롭게 떠맡는 것만으로 충분하다.

이 작동, 즉 행위의 명령적 특성을 **완전히 자유롭게** 떠맡는다는 사실이 정확히 지휘관의 특성이다. 여기서 상위의 **이질성**을 특징짓는 구조적 변모 안에서 통일화(개별화)

가 하는 역할을 명시적인 형태로 파악할 수 있다. 명령적 충동 아래 놓인 군대는 무형의 비참한 요소에서부터 조직화되며, 요소들의 무질서한 특성에 대한 부정에 의해 내적으로 **동질적** 형태를 실현한다. 사실상 군대를 구성하는 대중은 좌초된 무기력한 존재에서 정제된 기하학적 질서로, 무정형의 상태에서 공격적인 경직 상태로 이동한다. 이 부정된 대중은 정서적으로(여기서 "정서적으로"라는 말은 **차려**나 **발 맞춰 가**와 같은 단순한 심리적 행동들과 연관된다.) 지휘관 자체의 일부로서, 그의 것이 되기 위해 사실상 자기 자신으로 존재하기를 멈춘 것이다. **차려** 중인 부대는 어떤 의미에서는 구령의 존재 속으로 흡수되었으며 따라서 자기 자신에 대한 부정 속으로 흡수되었다. **차려**는 유비적으로 지휘관만이 아니라, 그의 명령, 즉 명령적 주권의 (기하학적) 규칙적 형태를 따르는 모든 인간들을 고양시키는 회귀적 운동(일종의 배지성[22])으로 간주될 수 있다. 따라서 군인들과 연루된 비열함은 근본적으로 군복 아래

---

22 [옮긴이] 배지성背地性은 땅(바닥)의 반대 방향을 향하는 성질을 말한다. 동질적 사회로부터 배척당하는 비천한 군인들의 낮은 이질성이 지휘관의 명령을 따르는 행동 속에서 이루어지는 일종의 부정을 통해 상위의 이질성으로 승화된다는 것이다.

에서 그 대립물, 명령, 광채로 변형된 비열함이다. 근본적인 **이질성**은 감소하지 않은 채로, **이질성**의 양태는 강렬한 **동질성**의 실현을 달성함으로써 명백하게 심층적인 변화를 겪는다. 인구 한가운데에서 군대는 **완전히 다른** 존재 방식, 그러나 지배와는 연결된, 군인들에게 전달되는 지휘관의 명령적이며 단호한 특성과 연결된, 그러한 주권적 존재 방식으로 살아가는 것이다.

따라서 자신의 정서적 토대(불명예와 살육전)에서 분리된 군대의 지배적 방향은 지휘관의 인격 속에 육화된 **영광**과 **의무**라는 정반대되는 **이질성**에 의존한다(실재적 심급이나 이념에 종속되지 않는 지휘관에 관해 말하자면, 의무는 왕의 인격 속에서와 동일한 방식으로 지휘관의 인격 속에 육화된다). 기하학적 열병식을 통해 상징적으로 표현되는 영광과 의무는 **동질적** 존재 위에, 군대의 존재를 명령적인 것이자 순수한 존재 이유로 위치시키는 경향적 형태들이다. 군사적인 측면에서 고유하게 뚜렷한 행동 계획과 제한된 범위를 갖는 이 형태들은 극히 비굴한 범죄들과도 양립할 수 있지만, 군대의 고결한 가치를 긍정하기에도, 군대의 구조를 특징짓는 내적 지배를 사회적 제약 위에 설립된 지고의 심리적 권위의 근본적 요소들 중 하나로 만들기에도 충분한 것들이다.

그럼에도 불구하고 왕의 권력은 **동질적** 사회와의 관계 속에서만 존재하는 반면, 군 지휘관의 권력은 직접적으로 사회적 **동질성**과는 독립된 내적 동질성만을 결과로 갖는다. 따라서 병권兵權을 사회적 권력으로 통합시키는 것은 구조의 전환을 전제한다. 즉 국가 행정과의 연관성 속에서 왕권의(이 권력과 관련해 기술되었던 것과 같은) 고유한 양상의 획득을 전제하는 것이다.

9. 종교 권력

병권의 장악이 일반적인 지배를 행사하기에 충분했다는 것은 암묵적이고 막연한 방식으로 인정되고 있다. 그럼에도 불구하고 이미 정초된 권력을 확장하고 있는 식민지화를 제외하면, 오로지 군대에 의해 지속되는 지배의 사례를 발견하기란 어렵다. 사실상 물질적으로만 무장한 군대는 어떠한 권력도 수립할 수 없다. 군대는 우선 지휘관이 발휘하는 내적 매혹에 의존한다(돈은 군대를 실현시키기에는 불충분하다). 그리고 그가 사회를 지배하기 위해 자신이 가진 무력을 활용하고자 한다면, 그는 그에 더하여 외적 매혹의 (즉 인구 전체에 효력이 있는 **종교적** 매혹의) 요소들을 획득해야 한다.

매혹적인 종교적 요소들이 종종 무력에 복종한다는 것은 사실이다. 그렇지만 왕권의 기원으로서 군사적 매혹은 대체로 종교적 매혹에 비해 원초적인 가치를 지니지 않는다. 아득한 인류의 시대에 관한 타당한 판단을 표명할 수 있는 한에서 보면, 군대가 아니라 종교가 사회적 권위의 기원이라는 것은 분명해 보인다. 더군다나 병권이 무엇보다도 개인의 가치에 의존하는 반면, 세습의 도입은 어김없이 혈통에서 원리를 얻을 수 있는 종교적 형태의 권력이 우세하다는 것을 의미한다.

불행하게도 혈통이나 왕족의 측면에서 말 그대로 종교적인 것에 명백한 의미를 부여하기란 어렵다. 여전히 모호한 어떤 방향이 (명백해질 수 있는) 포착할 수 있는 측면을 고정하기 전에, 여기서 우리는 가히 미분화된 **이질성**의 한계 없는 벌거벗은 형태에 접근한다. 그럼에도 이 방향은 존재하지만, 그것이 도입하는 구조의 변모는 여하튼 공포나 성스러운 매혹과 같은 일반적인 정서적 형태들이 자유롭게 투사될 수 있는 장을 남겨둔다. 게다가 세습에서 생리학적 접촉이나 성스러운 의식儀式을 통해 직접적으로 전달되는 것은 구조의 변모가 아닌 근본적인 **이질성**이다.

그 기원과 구조가 신성과 공통된 것으로 나타나는 한에서만, 순수하게 종교적인 왕의 특성이 지니는 (암묵적) 의미에 도달할 수 있을 것이다. 비록 신속한 설명에서 (허구적인 지고의 권위라는 마지막 위치에 이르는) 신비로운 권위의 창설과 결부된 정서적 움직임 전체를 감지할 수 있도록 만드는 일이 불가능하다 하더라도, 단적인 대조는 그 자체만으로도 충분히 중요한 가치가 있다. 분명한 사실들(신과의 동일시, 신비로운 혈통, 로마 제국에 대한 숭배나 신사 참배, 왕권신수설에 대한 기독교의 이론)은 이 두 형성물이 공유하고 있는 구조와도 일치한다. 전체적으로 **이질적** 요소들과 관련될 때, 왕은 발현émanation의 원리가 동일성을 통해 이끄는 모든 것과 더불어 어떤 형태로든 신성의 발현으로 간주된다.

자유롭고 무책임한 폭력에 근거한 신성에 대한 표상의 진화를 특징짓는 구조적 변모가 명확하게 지적될 수 있다면, 왕의 본성의 형성을 특징짓는 구조적 변모 역시 해명할 수 있다. 이 두 경우에서 **이질적** 구조의 변질을 지휘하는 것은 주권의 위치다. 우리는 속성들과 힘들의 집중 또한 이 두 경우에 목격한다. 그러나 신과 관련해서는, 신이 표상하는 힘이 (현실화해야 할 필요성과 연관된 한계 없이) 허구적 존재 안에서만 구성되기 때문에 보다 완벽한 형태에, 보다 순수하게 논리적인 도식에 도달할 수 있었다.

신학자와 철학자의 지고의 존재Être는 **이질적** 존재 안에 **동질성**의 고유한 구조를 가장 심층적으로 입사하는 것을 재현한다. 따라서 신은 신학적 측면에서 전형적인 주권의 형태를 실현한다. 그러나 이 완성의 가능성의 대가 contrepartie는 신성한 존재의 허구적 특성에 암시되어 있다. 신성한 존재가 지닌 **이질적** 본성은 현실 제한적인 가치를 소유하지 않기 때문에 (전혀 체험적이지 않은 형식적 긍정 명제로 환원되는) 철학적 개념 작용을 회피할 수 있다. 자유로운 지성의 사변적 질서 안에서는 이념이 지고의 존재이자 권력이기도 한 신을 대체할 수 있으며, 이는 어느 정도 틀림없이 (헤겔이 이념Idée을 단순한 **당위** 위로 승격시켰을 때 일어났던 것처럼) 이념과 상관적인 **이질성**의 계시를 암시하는 것이다.

10. 이질성의 주권적 형태로서 파시즘

만일 파시즘이 방금 기술한 것처럼 권력의 창설 과정을 우리 눈앞에서, 이를테면 허공에서 출발하여 밑바닥에서부터 정상까지 다시 시작하고 다시 구성하지 않았다면, 이처럼 시대착오적으로까지 보이는 환영들을 불러내는 일은 분명 헛된 일일 것이다. 오늘날까지 자신보다 앞서 확립된 그 어떤 것에도 의지하지 않은 채 총체적 권력(군사적이자 동시에 종교적인, 주로 왕적 권력)이 돌연히 형성되었던 유일한 역사적 사례는 이슬람의 칼리파의 사례뿐이다. 빈약한 인적 자산으로 보자면 파시즘에 버금가는 형태인 이슬람은 조국patrie은커녕 구성된 국가에도 의지하지 않았다. 그러나 파시즘 운동에서 기존 국가가 쟁취품이었고, 이후에는 수단이나 틀[23]이었다는 점을 인정해야 하며, 조국의 통합이 파시스트 운동 형성의 도식을 바꾸지 않았다는 것도 인정해야 한다. 탄생 중이던 이슬람과 마찬가지로, 파시즘은 명백히 현재의 열광에서 기인하는 총체적인 이질적 권력의 구성을 재현한다.

---

23 게다가 근대 이탈리아 국가는 상당 정도는 파시즘의 창조물이다.

파시스트 권력은 무엇보다 그 기반이 종교적이면서 동시에 군사적이라는 사실로 특징지을 수 있는데, 일상적으로 구분되는 이 요소들은 서로 분리될 수 없다. 따라서 그것은 근본적으로 완성된 집중으로 나타난다.

우세한 측면은 틀림없이 군사적 측면이다. 지도자를 당원들과 밀접하게 단결시키는(동일시하게 하는) 정서적 관계는 (이미 기술된 바와 같이) 지휘관을 군인들과 연결시키는 정서적 관계와 원리적으로 유사하다. 지도자의 명령적 인격은 근본적으로 그가 흡수하는 열광의 혁명적 측면을 부정하는 효력을 지닌다. 즉 하나의 토대로 긍정된 혁명은 동시에 민병대에 대한 내적 지배가 군사적으로 행사되는 순간부터 근본적으로 부정된다. 하지만 이 내적 지배는 실재하거나 가능한 전쟁 행위에 곧바로 종속되지 않는다. 그것은 본질적으로 사회와 국가에 대한 외적 지배의 매개항으로, 총체적인 명령적 가치의 매개항으로 정립된다. 따라서 (내적이고 외적인, 군사적이고 종교적인) 두 지배의 고유한 특성들, 예를 들어 의무와 규율, 이행된 명령과 같은 입사된[24] **동질성**에 속하는 특성들 그리고 명령적

---

24 [옮긴이] 원문은 intrajecter로 되어 있으나, introjecter의 오기로 보인다.

폭력, 집단적 정서의 초월적 대상으로서 지휘관의 인격의 위치와 같은 본질적 **이질성**에 속하는 특성들은 동시에 연루된다. 하지만 지휘관이 지닌 종교적 가치는 진정 (형식적이지는 않다 하더라도) 근본적인 파시즘의 가치로서, 일반 군인의 그것과는 구별되는 고유한 정서적 색조를 민병대원의 활동에 부여한다. 지휘관 자체는 사실상 (생각할 수 있는 다른 모든 것들보다 우월한, 참여자들의 정념만이 아니라 황홀경[자기 밖에 서기를]extase을 요구하는) 신성한 힘의 가치에 이른 명예로운 조국의 존재와 다를 바 없는 원리의 발현이다. 따라서 지휘관(독일에서는 이따금씩 예언자라는 종교적 용어가 사용되었다.)의 인격 안에 육화된 조국은 이슬람에서 마호메트나 칼리파[25]의 인격 안에 육화된 알라와 동일한 역할을 한다.

그러므로 파시즘은 무엇보다 집중으로, 이를테면 권력의 응축[26](실제로 이 용어의 어원적 가치가 가리키는 의미에

---

25 이 단어의 어원적 의미에서 칼리파는 **대리자**(대신하는 사람)이다. 전적으로 그의 지위는 신의 사자이다.

26 **우월성**의 응축은 잠재적인 열등 콤플렉스와 관련이 있다. 이러한 콤플렉스는 이탈리아와 독일에서 동등하게 강한 뿌리를 가지고 있다. 이것이 비록 파시즘이 후일 완전한 **주권**과 이 주권에 대한 의식에 도달한 지역들에서 전개된다 하더라

서)으로 나타난다. 게다가 이 일반적인 의미는 다양한 방향에서 받아들여져야 한다. 명령적 힘들의 완성된 재결합은 정점에서 이루어지지만, 그 과정은 어떠한 사회적 분파도 비활동적인 채로 놔두지 않는다. 사회주의와 근본적으로 대립하는 파시즘은 각 계급들의 재결합으로 특징지어진다. 이는 자신들의 통일성에 대한 의식을 지닌 계급들이 체제에 동조하기 때문이 아니라, 권력의 장악으로 귀착했던 심층적인 찬동의 움직임 속에서 각 계급의 표현적인 요소들이 재현되었기 때문이다. 게다가 여기서 재결합의 특수한 유형은 본질적으로 군사적 정서에서 끌어온 것이다. 말하자면 착취당하는 계급들을 재현하는 요소들은 (신병의 사회적 본성이 군복과 열병식을 통해 부정되는 것과 동일한 방식으로) 자신들의 고유한 본성에 대한 부정을 통해서만 정서적 과정의 집합 속에 포함되었던 것이다. 다양한 사회적 형성물들을 아래에서 위까지 **휘젓는**brasser 이러한 과정은, 그 도식이 프롤레타리아트의 버림받은 비참한 상태를 체험했다는 것으로부터 자신의 심층적인 중요한 가치를 길어 오는, 지도자의 형성 자체에 필연적으로

___

도, 그러한 나라들의 자생적이고 특수한 산물이라고 생각할 수 없게 하는 이유이다.

주어지는 근본적인 과정으로서 이해되어야 한다. 그러나 군사 조직의 경우처럼 비참한 존재의 고유한 정서적 가치는 그저 자신의 대립물로 이동되며 변형될 뿐이다. 그리고 폭력의 어조(이것이 없다면 어떤 군대도, 어떤 파시즘도 가능하지 않을 것이다.)를 지휘관과 형성물 전체에 부여하는 것은 바로 정서적 가치가 지닌 과도한 효력이다.

11. 파시스트 국가

파시즘이 빈곤층과 맺는 밀접한 관계는, 이 형성물을 주권적 심급의 열등한 계급과의 얼마간의 단호한 접촉 상실을 특징으로 하는 고전적인 왕족 사회와 완전히 구별시켜 준다. 그러나 (그 형태가 너무 높은 곳에서 사회를 지배하고 있는) 기존의 왕에 의한 재결합에 대립하여 수립된 파시스트적 재결합이 단지 다른 기원을 지닌 권력들의 재결합이나 계급들의 상징적 재결합인 것만은 아니다. 그것은 또한 **이질적** 요소들과 **동질적** 요소들, 즉 엄밀한 의미에서의 주권과 국가의 완전한 재결합인 것이다.

게다가 재결합으로서 파시즘은 전통적인 군주제만큼

이나 이슬람과도 대립한다. 사실 이슬람은 모든 방면에서 철저하게 창조를 행했으며, 그런 점이 바로 오랜 역사적 과정의 결과일 수밖에 없는 국가와 같은 형태가 이슬람이 직접적으로 구성될 때에는 아무런 역할도 하지 못했던 이유이기도 하다. 반면 기존 국가는 즉각 파시스트의 유기적 소집을 위한 과정 전체의 틀로 사용되었다. 파시즘의 이러한 특징적 측면은 무솔리니로 하여금 **"모든 것은 국가에 있다." "국가 바깥에는 인간이나 영적인 것이 존재하지 않으며,** 하물며 **가치조차 존재하지 않는다."**라고 쓰게 만들었다. 그러나 이것이 필연적으로 국가와 사회 전체를 지배하는 명령적 힘의 혼동을 암시하는 것은 아니다. 국가에 대한 일종의 헤겔적 신격화에 기울어졌던 무솔리니 자신도 고의적으로 모호한 용어로 **민족***peuple*, **국민***nation*이자 동시에 **우월한 인격성***personnalité*이라고 지칭하기는 하지만, 파시스트적 형성물 자체 그리고 그 지도자와 동일시되어야 하는 뚜렷한 주권의 원리를 인정한다. 민족은 "적어도 민족이… 소수나 한 사람의 의지로서 민족 안에 육화된 이념을 의미한다면…. 그것은 인종과도, 일정한 지리적 영역과도 관계가 없으며 역사적으로 영속하는 집단, 존재와 역량의 의지인 이념에 의해 통일된 다중과 관계가 있다.

그것은 자기의식, 인격성이다." **인격성**이라는 용어는 무솔리니의 인격 자체로 귀착되는 과정인 **개별화**로 이해되어야 한다. 그가 "이 우월한 인격성은 국가État로서의 국민nation이다. 국가를 창조하는 것은 국민이 아니다."라고 덧붙일 때 이해해야만 하는 것은 다음과 같은 것이다. 즉 그는 1) 국민 주권이라는 민주주의의 낡은 원칙을 개별화된 파시즘적 형성물의 주권 원칙으로 대체했으며, 2) 국가의 주권적 심급에 대한 완성된 해석의 기반을 마련했다.

(젠틸레[27]의 지원 아래) 공식적으로 헤겔주의와 세계영혼국가론l'État d'âme du monde을 채택했던 이탈리아와는 달리 이를 채택하지 않았던 독일의 국가사회주의는 권위의 원리를 공식적으로 진술해야 할 필요성에서 오는 이론적 난관에 봉착하지 않았다. 인종에 관한 신비로운 이념은 새로운 파시스트 사회의 명령적 목적으로 즉각 긍정되었다. 동시에 그것은 퓌러Führer(총통)와 그의 측근들의 인격에 육화된 것처럼 나타났다. 인종에 관한 착상은 객관적 기반을 결여하고 있지만, 그럼에도 불구하고 그것은 주관적

---

27 [옮긴이] 조반니 젠틸레Giovanni Gentile(1875-1944)는 이탈리아의 철학자이자 교육학자로 제1차 세계대전 이후 파시즘의 이론적 기초를 세운 인물이다. 무솔리니와 함께 『파시즘의 교리』(1932)를 공동 작업했다.

으로 근거를 두며, 인종적 가치를 다른 모든 것들 위에 유지해야 할 필요성은 국가를 모든 가치의 원리로 만드는 이론에서 멀어졌다. 따라서 독일의 예시는 무솔리니가 수립한 국가와 가치의 주권적 형태 사이의 혼동이 파시즘 이론에서 그다지 필연적이지 않다는 것을 보여준다.

무솔리니가 **이질적** 심급(그는 이 심급의 행동을 국가 내부에 깊숙이 침투시켰다.)을 형식적으로 구분하지 않았다는 사실은 마찬가지로 국가에 대한 절대적 장악이라는 방향에서, 그리고 **동질적** 생산 체제의 필요성에 대한 주권적 심급의 긴장된 순응이라는 상호적 방향에서 해석될 수 있다. 바로 이 상호적인 두 과정의 전개 속에서 파시즘과 국가 이성이 동일한 것으로 나타날 수 있었던 것이다. 그럼에도 생활양식들은 권력을 보유한 자의 인격 자체 안에 원리들의 근본적인 이원성을 유지할 때 엄격하게 근본적인 대립을 보존한다. 이탈리아 평의회 의장이나 독일 수상은 두체Duce(파시스트 영도자)나 퓌러의 가장 단호한 방식과는 구별되는 활동 형태를 표상한다. 덧붙여 말하자면 이 두 인물은 자신의 근본적인 권력을 국가 안에서 그들이 행하는 공식적인 기능에서가 아니라, 파시스트 정당의 존재와 이 당 수뇌부에서 자신이 갖는 개인적인 상황에서 얻는다. 권력의 심층적인 원천에 대한 이 분명함이 주권의 원리라는 관점에서 정확히 **이질적** 형태와 **동질적** 형태의 이원성과 더불어 **이질적** 형태의 무조건적 패권을 유지한다.

12. 파시즘의 근본 조건들

이미 말한 바와 같이, 이렇게 기술된 **이질적** 과정 전체는 사회의 근본적 **동질성**(생산 체제)이 내적 모순에 의해 분열되어야만 작동할 수 있다. 게다가 원리상 가장 맹목적으로 나타나는 것임에도 불구하고, **이질적** 힘들의 전개는 불가피하게 **동질성**의 모순이 제기하는 문제를 해결하는 방향을 취한다고 할 수 있다. 권력을 획득한 이후 전개된 **이질적** 힘들은 그 이전까지 양립할 수 없는 요소들 사이에 출현했던 분쟁을 중재하는 데 필수적인, 강압이라는 수단을 소유한다. 물론 모든 전복을 배제하는 움직임이 끝난 이후 중재가 일어나는 방향이 기존의 **동질성**이 향하는 일반적인 방향, 즉 사실상 자본가 집단의 이익을 따른다는 것은 두말할 필요가 없다.

이러한 전환은 파시즘적 **이질성**에 의존해 온 이러한 이해관계가 위기의 시대부터 특정 기업들의 이해관계와 대립하는 집단의 이해관계라는 것에서 야기된다. 이로 인해 지금까지 경쟁에 기초한 생산의 자연발생적 **동질성**, 즉 생산자 집단의 이익과 각 기업의 절대적 자유가 사실상 일치한다는 것을 원리로 삼았던 자본주의 구조 자체가 크게 변화된다. 이 개별적 자유가 자신들을 위태로운 순간으로 몰아넣을 수도 있다는, 일부 독일 자본가들에게서 확산되었던 위기 의식이 응당 국가사회주의의 열광과 승리의 기원일 것이다. 그러나 이러한 의식이 로마로 진군하던 순간에도 노동자들과의 해결 불가능한 갈등에만 몰두하고 있었던 이탈리아 자본가들에게는 아직 존재하지 않았다는 것은 분명하다.[28] 따라서 파시즘의 통일성은 그 기반인 경제적 조건에 있지 않고, 고유한 심리적 구조 안에 있는 것처럼 보인다(이는 경제의 일반적인 논리적 발전이

28　[옮긴이] 1차 세계대전 이후 이탈리아 대지주와 자본가들은 노동자와 농민을 중심으로 빠르게 퍼져 나가던 공산주의 혁명의 분위기를 진압할 목적으로 초창기부터 파시스트 세력을 후원하고 지지하였으며, 이에 힘입어 파시스트 행동대인 검은 셔츠단은 1922년 10월 말 로마로 진군하여 정권을 손에 쥘 수 있었다.

사후 서로 다른 파시즘에, 엄밀히 말해서 파시즘과는 전혀 관계가 없는 현재 미국 정부의 정치적 활동과 그들이 공유하고 있는 공통된 경제적 방향을 제공한다는 사실과 모순되지 않는다).

파시즘이 대응했던 경제적 위험이 무엇이었든 간에, 이 위험에 대한 의식과 이를 방지해야 할 필요성은 화폐와 같은 강력한 지지 수단을 갖춘 여전히 공허한 욕망을 대표할 뿐이다. 이 욕망에 반응하고 사용 가능한 화폐를 활용할 수 있는 힘의 실현은 **이질적** 영역 안에서만 일어나며, 그 가능성은 명백히 이 영역의 현실적 구조에 달려 있다. 전반적으로, 이 구조는 사회가 민주제냐 군주제냐에 따라 가변적인 것으로 간주될 수 있다.

(현재의 영국이나 파시스트 이전 시기 이탈리아로 대표할 수 있는 개조된 또는 퇴화된 정치 형태와는 구별되는) 진정한 군주제 사회는 오래된 기원과 절대적 형태를 지닌 주권적 심급이 확립된 **동질성**과 **연결되어** 있다는 사실로 특징지을 수 있다. 이 **동질성**을 구성하는 요소들의 끊임없는 진화가 불가피하게 근본적인 전환을 필요로 할 수도 있지만, 전환에 대한 필요는 오직 노련한 소수에 의해서만 내부적으로 표상될 수 있다. **동질적** 요소들 전체와 **동질성**의 직접적 원리는 왕적 권위를 통해 존재하며 보장되는 사법

적 형태와 행정적 틀을 유지하는 것과 밀착된다. 상호적으로 왕적 권위는 이 형태와 틀을 유지하는 것과 뒤섞인다. 따라서 **이질적** 영역의 상층부는 정체되면서 동시에 정체시키며, 오로지 비참하며 억압받는 계급에 의해 형성된 하층부만이 활동할 수 있다. 그런데 활동한다는 것은, 정의상 수동적이며 억압받는 하층부에게는 그 자신의 본성에 심층적 변화가 일어났음을 표상하는 것이다. 자신들을 억압하는 주권적 심급과 합법적 동질성에 맞서 투쟁하기 위해, 하위 계급들은 수동적이며 분산된 의식의 활동 형태에서 벗어나야 한다. 마르크스주의 용어로 말한다면, 이 계급들은 그들 스스로 혁명적 프롤레타리아로서 의식을 가져야 한다. 게다가 이렇게 고찰된 프롤레타리아는 그 자신에만 국한되지 않는다. 그는 사실상 **이질성** 속으로 분리되고 추방된 모든 사회적 요소에 대한 집중의 한 지점일 뿐이다. 어떤 의미에서는 그러한 매혹의 중심이 "프롤레타리아 의식"이라고 불리게 될 것의 형성에 앞서 존재한다고까지 말할 수 있다. 게다가 이질적 영역에 대한 일반적 기술은 그것이 명령적 형태들과 비참한 형태들뿐만 아니라, **전복적 형태들**까지 포함하는 전체 구조의 구성 요소로서 정립된다는 것을 함축한다. 이 전복적 형태들은 바로 주권적 형태들에 반하는 투쟁을 위해 변형된 열등한 형태들이다. 전복적 형태들의 불가피성은 낮은 것이 높은 것이 되고 높은 것이 낮은 것이 되기를 요구하며, 바로 이 요구 안에서 **전복**의 본성이 표현된다. 사회의 주권적 형태들이 정체되고 구속된 경우, 사회의 분해로 인해 **이질성** 속으로 추방된 다양한 요소들은 억압받는 계급이 활동함으로써 생기는 형성물에 합류할 수 있을 뿐이다. 즉 그것들은 불가피하게 전복에 헌신하게 된다. 수립된 사회적 틀과의 양립불가능성을 의식했던 부르주아 분파는 권위에 대항하여 결속하며, 격분한 열광 상태의 대중들과 뒤섞인다. 그리고 심지어 군주제가 파괴된 직후의 기간에도 사회운동은 혁명 초기의 반독재적 태도에 의해 계속 지배받는다.

그러나 민주주의 사회에서 (최소한 그러한 사회가 전쟁을 일으켜야 할 필요성에 의해 고취되지 않을 때) **이질적인** 명령적 심급(공화제의 형태 안에서는 국민, 입헌군주제 안에서는 군주)은 위축된 존재로 전락하며, 가능한 모든 전환은 더는 필연적으로 이 심급을 파괴하는 것에 구속되지 않는다. 이 경우, 명령적 형태들은 심지어 열광과 운동들이 지닌 모든 가능성을 향해 열려 있는 자유로운 장으로 간주될 수 있으며, 군주제 안에서의 전복적 형태들과 동일한 것으로까지 여겨질 수 있다. 그리고 **동질적** 사회가 결정적 붕괴를 겪을 때, 분열된 요소들은 더 이상 필연적으로 전복적 매혹의 궤도 속으로 진입하지 않는다. 게다가 정점에서는 이에 예속된 요소들을 더 이상 정체시키지 않는 명령적 매혹이 형성된다. 이 명령적 매혹은 원리상 최근까지 오로지 복원을 향한 방향으로만 발휘되었다. 이처럼 그것은 대개 권위적 심급과 하위 계급들 사이에서 금지된 접촉의 상실을 암시했던, 사라진 주권의 선결성에 의해 사전에 제한되었다(역사상 유일한 자연발생적 복원은 보나파르티즘이었다. 보나파르티즘은 보나파르티스트 권력의 명백한 서민적 원천들과 관련되어야 한다). 틀림없이 프랑스에서는 몇몇 파시즘의 구성적 형태들이 왕조의 복원을 향하는 명령적 매혹의 형성에서, 그러나 무엇보다도 형성의 어려움 속에서 정교해질 수 있었다. 그럼에도 불구하고 파시즘의 가능성은, 군주제가 축소된 상태로 존속했던 이탈리아에서는 사라진 주권 형태들로의 회귀가 문제 밖의 것이었다는 사실에 의존했다. 정확히 왕실의 존속에 덧붙여진 이 무능이 불가피하게 형성을 초래하였으며, 동시에 이 형성에 자유로운, 완전히 새로워진, 서민적 기반을 수용하는 명령적 매혹의 장을 남기게 되었다. (군주제 사회에서 벌어지는 고전적 혁명으로 인한 분열에 비해) 새로운 이 조건들 속에서, 하위 계급들은 배타적으로 사회주의 전복으로 표상되는 매혹을 겪기를 멈추었으며, 군사적 유형의 조직이 부분적으로 이들을 주권의 궤도 속으로 끌어들이기 시작했다. (중산층이나 지배 계급에 속하는) 분열된 요소들이 열광의 새로운 배출구를 찾았던 것과 마찬가지로, 전복적 해결책과 명령적 해결책 사이에서 선택해야 하는 순간에 하위 계급 대다수가 명령적 방향을 향했다고 해도 놀랄 일이 아니다.

이러한 열광의 이중적 가능성으로부터 전례 없는 상황이 기인한다. 동일한 시기 동일한 한 사회에서 서로 적대적이면서 또한 수립된 질서에 대해 적대적인 두 개의 혁명이 경쟁적으로 형성된다. 공인수共因數, facteur commun로서 **동질적** 사회의 일반적 분열에 대립하는 두 분파의 동시적 전개는 수많은 연관성과 심지어 일종의 심층적 공모를 설명해 준다. 더군다나 공통의 기원과는 무관하게 이 분파들 중 하나의 성공은 일정한 균형 작용의 결과에 따라 반대 분파의 성공을 암시한다. 한 분파는 (특히 파시즘이 노동자 운동의 증대하는 위협에 대한 명령적 대응인 한) 다른 분파의 원인일 수 있으며, 대개의 경우 다른 분파의 징후로 고려되어야 한다. 그러나 동요된 **동질성**을 회복하는 것이 가능하지 않은 한에서, 이러한 질서를 지닌 상황의 단적인 형성은 다음과 같은 결말을 사전에 지휘하고 있는 것이 분명하다. 즉 열광이 증대함에 따라 **분열된 요소들**(부르주아와 소부르주아)의 중요성은 결코 통합되지 않았던 요소들(프롤레타리아)의 중요성에 비례하여 증대한다. 그렇기 때문에 혁명의 가능성이 뚜렷해지는 만큼 노동자 혁명의 기회, 사회를 해방적으로 전복할 수 있는 기회는 사라지는 것이다.

따라서 최소한 왕적 권위에 대항하여 시도했던 옛 투쟁에 대한 기억이 흐릿해지고, **이질적인** 반응들을 더 이상 필연적으로 명령적 형태들에 거스르는 방향으로 고정하지 않게 되었을 때, 민주주의에서 전개된 혁명적 운동들에서 모든 희망은 원리적으로 금지된 것으로 보인다. 대혁명의 숙명이 펼쳐지고 있는 주요 민주주의 강대국들의 상황은 분명 최소한의 신뢰도 보증해 주지 않는다. 지금까지 이 국가들에서 완전한 파시스트의 형성을 피할 수 있게 해 주었던 것은 거의 무관심에 가까운 프롤레타리아의 태도뿐이었다. 그러나 세상이 이렇게 하나의 도식 안에 간혀 있다고 믿는 것은 순진한 일일 것이다. 애초부터 정서적인 사회적 형성물들에 대한 단적인 고려는 모든 정서적 생활에 고유한 형태들의 막대한 자원을, 고갈되지 않는 풍부함을 드러낸다. 민주주의적 집단들의 심리 상황은 모든 인간적 상황과 마찬가지로 일시적일 뿐만 아니라 이미 이용된 힘들과도 다르며, 파시즘이 왕조의 요구사항과 다른 것처럼, 현재나 과거의 공산주의와도 다른 매혹의 힘들을 최소한 부정확한 재현으로라도 고찰할 수 있는 가능성이 남아 있다. 이 가능성들 중 하나로부터 상부 구조를 관통하는 사회적인 정서적 반응을 예견할 수 있고, 어쩌면 어느 정도까지 이 반응을 사용할 수 있는 인식 체계가 전개되어야 한다. 노동자 운동의 존재 자체를 문제 삼고 있는 파시즘 현상은 되살아난 정서적 힘에 시기 적절하게 의지하는 것으로부터 기대할 수 있는 게 무엇인지 보여주기에 충분하다. 공상적 사회주의라는 시대 상황과는 달리 도덕이나 이상주의는 파시스트 형태 안에서 문제시되지 않는 것처럼, 오늘날에도 문제시되지 않는다. 매혹과 혐오의 사회적 운동에 집중하는 인식 체계는 노골적으로 하나의 무기로 나타난다. 거대한 격변이 파시즘을 공산주의에 대립시키는 것이 아니라, 근본적인 명령적 형

태들을 끊임없이 인간 삶의 해방을 추구하는 심층적 전복
에 대립시키는 순간에.

해제

1929년, 앙드레 브르통은 초현실주의 운동의 핵심 원칙에서 벗어났다고 느낀 사람들을 추방하고 파문했다. 운동의 내부적 단결을 공고히 하기 위하여 배제를 모색했던 그는 자신의 가장 가까운 동료들과 함께 바타유를 비난의 표적으로 삼았다. 바타유에 대한 브르통의 비난은 낮은 것, 무형의 것, 더러운 것, 하류의 것, 무용한 것에 매료되어 있는 것처럼 보이는 바타유의 사유에 그 초점이 맞추어져 있었다. 비록 초현실주의자들이 합리적 이성과 도덕관념의 검열에서 벗어난 예술을 추구한다 하더라도, 이들이 추구했던 것은 초超현실, 즉 현실을 넘어선 현실, 기존의 억압으로부터 해방되어 무의식의 자유로운 상상력을 통해 그려 낸 또 다른 현실이었다. 달리 말해 이들이 기존 현실을 해체하려 했던 이유는 또 다른 현실을 새롭게 건설하기 위해서였지 감히 폐허에 범접하기 위해서가 아니었던 것이다. 무의식을 통해 현실과는 다른 질서를 그려 낼 수 있다는 신념을 지녔던 이들에게 바타유의 사유는 바닥없는 타락의 징조였다.

여기 옮긴 『파시즘의 심리 구조』는 초현실주의와 결별한 후, 1933년 바타유가 이질학htèrologie이라고 불리는 자신의 독자적인 사유를 형성해 가던 시기에 작성한 글이다. 이 글의 원고는 우크라이나 키이우 출신 좌익 언론인 보리스 수바린이 창간한 민주적 공산주의 서클Cercle communiste democratique에서 펴냈던 잡지 『사회 비평La Critique sociale』 10, 11호에 두 차례 나뉘어 실렸다. 이 글 이전에도 1920-30년대 초에 이미 파시즘을 직간접적으로 분석 대상으로 삼은 연구들이 있었다. 대표적으로 본문에서 바타유가 언급하고 있는 지크문트 프로이트의 『집단 심리학과 자아 분석』(1921)과 카를 슈미트의 『현대 의회주의의 정신사적 상황』(1923), 발터 벤야민의 『독일 파시즘의 이론들』(1930) 등이 그것이다. 그리고 프로이트의 정신분석과 마르크스주의의 역사유물론을 통합하려는 시도로서

빌헬름 라이히의『파시즘의 대중 심리』(1933)가 바타유의 글과 같은 해에 작성되기도 했다.[1]

*

   당시 프랑스 사회의 정세를 간략하게 살펴보면, 1929년 세계 대공황의 여파와 정부의 경기 대책 지연으로 인해 실업률이 증가하였으며, 스타비스키 스캔들[2]까지 더해져 좌익 정권에 대한 환멸이 여론에 공유되고 있었다. 이

---

1 해당 책들의 국역본 서지사항은 다음과 같다. 지크문트 프로이트,『집단 심리학과 자아 분석』, 이상률 옮김, 이책, 2015; 카를 슈미트,『현대 의회주의의 정신사적 상황』, 나종석 옮김, 길, 2012; 에른스트 윙거, 발터 벤야민,『노동자·고통에 관하여·독일 파시즘의 이론들』, 최동민 옮김, 글항아리, 2020; 빌헬름 라이히,『파시즘의 대중 심리』, 황선길 옮김, 그린비, 2006.

2 스타비스키 스캔들은 1930년대 중후반 좌익 연합 반파시스트 동맹인 인민전선front populaire 결성의 배경이 되었던 금융 스캔들로, 우크라이나 출신 유대인 스타비스키Serge Alexandre Stavisky가 채권을 위조하여 거액을 사취한 사기 행각에 프랑스 사회당의 주요 인사들이 대거 연루되어 있다는 의혹이 제기되었던 사건이다. 스타비스키가 사기죄를 선고받고 도주하던 중 의문의 변사체로 발견되면서 좌익 정권의 거대한 부패에 대한 의혹이 더욱 악화되었다.

러한 경제적·정치적 위기는 의회 해산을 요구하는 우익
연합 소속 단체의 결집을 유발하여 대규모 유혈 사태로
까지 이어졌으며, 왕당파와 극우 파시스트 세력이 주도한
1934년 시위에 시민 수천 명이 합세하여 십여 명이 사망
하고 천여 명이 부상당하는 일이 벌어지기도 했다. 이 시
위는 이탈리아나 독일뿐만 아니라 프랑스에도 극우 파시
즘 정권이 집권할 수 있다는 위기의식을 자리 잡게 했다.

이 시기 바타유는 주로 피에르 클로브스키, 로제 카이
유, 미셸 레리스와 같은 인물들과 어울리며 학문적 관심
사를 교류했는데, 이들은 공통적으로 마르셀 모스, 에밀
뒤르켐, 뤼시앙 레비-브륄과 같은 인물들의 사회학적, 문
화인류학적 연구에 관심을 가지고 있었으며 헤겔, 마르
크스, 프로이트, 니체 등을 종합적으로 사유하고자 했다.
이들과 함께 바타유는 1937년부터 1939년까지 정치적으
로 활동적이고 반反학문적인 연구 그룹인 사회학 연구회
College de Sociologie를 운영하기도 했다.

뒤르켐의 관점에 따라 바타유는 사회를 단순한 개인
들의 총합과는 다른 것으로 간주한다. 개인의 무의식에
몰두하는 초현실주의와 달리, 이처럼 개인의 경계를 초
과하는, 즉 개별자적인 한계를 위반하는 공동共同의 영역

이 줄곧 그의 관심사였다고 해도 과언이 아닐 것이다. 가령 우리는 바타유가 에로티즘을 존재의 연속성에 대한 복원의 관점에서 조망하고 있다는 점이나 실제로 인간을 제물로 바치는 희생 제의까지 모의했던 무두인無頭人, acéphale이라는 실험적인 비밀 공동체를 조직하기도 했다는 점(이 희생 제의는 사형 집행자로 나서겠다는 사람이 없어서 결국 모의에 그친 것으로 알려져 있다.)에서도 이를 엿볼 수 있다. 이러한 점들에 비추어 본다면, 바타유의 사유는 순전히 자신의 변태적인 성향을 뭇사람에게 권유하고자 하는 데 그 목적이 있는 것이 아니었으며, 인간 존재 및 사회 구조가 형성되는 데 이질적인 것(달리 말해, 비생산적 소모)이 분리 불가능한 핵을 이룬다는 것을 드러내고자 하는 데 있었다고 할 수 있다.

*

『파시즘의 심리 구조』는 그보다 1년 전에 작성된 『소모의 개념』과 함께 사회학에 대한 바타유의 공헌으로 간주할 수 있다. 『소모의 개념』에서 바타유는 정치·경제 체제를 생산 체제로 보았던 고전파 경제학자들과는 달리 인간 사회가 본질적으로 소비consomation를 통해 형성된다는 점을 강조한다. 소비에는 두 가지 종류가 있는데, 바타유는 생산으로 환원되는 소비가 아니라 그것으로 환원되지 않는 소비에 초점을 맞춘다(후자에 바타유는 각별히 '소모dépense'라는 명칭을 부여한다). 생산으로 환원되지 않는 소비, 즉 비생산적 소비란 자기 보존이나 사회 보존의 견지에서 볼 때 아무짝에도 쓸모없는 엄청난 에너지의 폭발 내지 방출을 의미한다. 바타유는 이 비생산적인 소비가 생산만큼이나 인간의 삶에 본질적인 것이라고 본다. 실제로 인간 문화의 풍부함은 비생산적 소비에 의존한다. 가령 "사치, 장례, 전쟁, 종교의식, 사치스러운 기념 건축물, 도박, 예술, 변태적인(즉 생식적 합목적성에서 벗어나는) 성애적 활동"[3]을 어떻게 합리적 관점에서 설명할 수 있을까? 인간 사회는 물질적 욕구의 단순한 충족 이상으로 비생산적 소비의 복합적인 역학을 통해 형성된다.

이미 널리 알려져 있다시피, 경쟁자에게 상당한 양의 부를 과시적으로 증여하거나 적을 굴복시키기 위하여 그

---

3 G. Bataille, "La Notion de Dépense," *La Part Maudite* (Paris: Minuit, 1967), p. 28. [조한경 옮김, "소모의 개념", 『저주의 몫』, 문학동네, 2000, 32쪽. 번역 수정.]

의 면전에서 노예 또는 개를 살육하는 원시사회의 포틀래치는 이를 뒷받침해 주는 구체적인 역사적 사례이다. 그런데 바타유에 따르면, 이 비생산적인 소모의 사회적 형태는 인간 역사의 시기가 근대로 들어서면서 자취를 감췄다. 검소와 절약이 부르주아의 미덕이 되고 생산이 소모보다 더 우선시되기 시작하면서 "생생한 사치스러운 소요le tumulte somptuaire vivant"[4]는 계급투쟁 속으로 사라져 버렸다. 사실 포틀래치에서도 계급투쟁적인 요소가 존재하기는 했다. 포틀래치를 행하는 사람의 목적은 자기와 같은 부유한 사람에게는 상대보다 더 우위에 서는 것이었지만, 그 부를 갖지 못한 사람들에게는 자신이 가진 것을 과시적이고 폭력적인 방식으로 소비함으로써 그들로부터 자신을 분리하는 것이었다.

원시사회에서와 달리 근대 사회에서 특징적인 점은 부르주아가 실제로는 가난한 사람들과 자신을 떼어놓기 위해 안간힘을 쓰지만, 입으로는 만인의 보편적 자유와 평등에 관해 떠들어댄다는 점이다. 이는 근대 부르주아지의 참을 수 없는 위선이며, 소모의 관점에서 볼 때 사치스러운 소비를 행할 능력이 없는 그의 무능력과 끝 간 데 없

---

4 *Ibid.*, p. 39. [국역본 43쪽.]

는 왜소함의 표현에 불과하다. 원시사회에서 공공연하게 이루어졌던 비생산적 소비의 폭력성과 잔인함, 엄청난 에너지의 분출, 투쟁적인agonistique 소모는 이제 노동자들의 계급투쟁 형태로 이동한다. 이를테면 위아래를 뒤집는 전복, 계급적 위계 구조에 대한 혁명적인 파괴는 비생산적 소모의 형태에 속하는 것이다.

이처럼 『소모의 개념』에서 중심적인 논의가 생산과 소비 개념을 중심으로 기술되었다면, 『파시즘의 심리 구조』에서는 동질성과 이질성의 개념을 중심으로 논의가 전개된다. 동질성이란 유용성의 원리를 따르는 개인 및 사회 집단이 띠는 특정한 경향을 의미하며, 이질성이란 이러한 동질성으로 환원 불가능한 것, 동화 불가능한 것을 말한다. 다른 것들과 교환될 수 있는 가치 측정을 위한 공통분모를 지니지 않는 요소들, 즉 비합리적이며 형체가 부재할 뿐만 아니라 지배 계급의 동질성의 체계 안에서 상징화되지 않는, 체계 바깥으로 배제되는 쓸모없는 것들 일체가 바로 이질적인 것들이다. 그런데 여기에서 주목해 보아야 할 부분은 이질성이 단지 동질성과 관련하여 구분되는 것일 뿐만 아니라 이질성 자체가 이중적인 정서를 유발하는 "강한 극성polarité"을 특징으로 한다는 점이다. 즉 우리는 이질성에서 "매혹과 혐오라는 이중의 흐름을 분간할 수 있으며, 그 결과 천박하고 비열한 것으로부터 높고 순수하고 고귀한 요소들을 분리할 수 있다."[5] 바타유는 이러한 극성을 띤 미분화된 상태의 이질성이 동질성과 접촉할 때 구조의 변모가 일어나며, 두 가지 형태로 분화된다고 설명한다.

동질적 사회는 근본적으로 이질성을 배제함으로써 기능한다. 이 배제 작업을 위해 요구되는 것은 또한 이질성이다. 말하자면 이질적인 것들을 체계 바깥으로 배제하거나 그 안으로 편입시키기 위해 동질적 사회는 명령적 요소들, 즉 국가, 경찰, 군대 등을 필요로 하는데, 이른바 상위의 이질성(우월한 명령적 이질성)이 이러한 요소들을 강제적으로 집행할 수 있는 근거로 기능한다는 것이다(바타유는 이처럼 이질성을 외부에서 부과된 다른 것의 매개 없이 존재하는 동질성의 근거로 사고한다. 동질성은 스스로 존재 이유를 갖지 못하기 때문에 이질적인 것에 의존해야 한다). 상위의 이질성은 하위의 이질성을 가학적으로 배제함으로써 스스로를 동질적인 사회를 응집시키는 원리이자 통일의 근

---

5 G. Bataille, "Définition de l'hétérologie," *Cahiers Bataille* n° 1, ed. Marina Galletti (Paris: Éditions les Cahiers, 2011), p. 231.

원으로 자리매김한다. 주인, 왕, 황제, 군주 그리고 당대 파시스트 지도자들은 여기에 속한다. 한편 하위의 이질성에 해당하는 하층민, 노동자 계급 등은 생산 노동의 측면에서는 동질적인 부분에 포함되지만, 그 밖의 부분에서는 동질적 사회로부터 철저하게 배제된다. 이 배제된 부분이 이질적 힘들과 접촉을 유지하고 있는 부분으로, 바로 여기에 "낮은 것이 높은 것이 되고 높은 것이 낮은 것이 되기를 요구"(67)[6]하는 전복의 가능성인 비생산적 소모의 에너지가 축적된다. 상위의 이질성은 사회의 동질성을 유지하는 것과 밀착되기 때문에 그 자신이 "정체되면서 동시에 정체시키"는 반면 "오로지 비참하여 억압받는 계급에 의해 형성된 하층부만이"(66) 정체된 사회에 급진적 변화를 일으킬 수 있다.

물적 토대의 변화에 따라 사회적 동질성의 분열이 극심해진 시기에, 무솔리니나 히틀러와 같은 파시즘 지도자들은 기존의 지루하며 관습적인 지각 경험을 교란하는 존재로서, 동시에 분열을 통합하는 해결책, 강력한 응집력을 지닌 신성한 명령과 같은 존재로서 나타난다. 파시스

---

6 이 숫자는 이 책의 본문 쪽수를 의미한다. 이하 인용 시 본문에 직접 기입하겠다.

트 지도자들은 이질성에 기반한 군사 권력과 종교 권력을 소유하며(이 두 권력의 혼합이 바로 왕권의 특징이다), 군인들이 열병식 같은 집단적 행사를 통해 군 지휘관과 정서적으로 동일시하는 것과 마찬가지 방식으로, 대중 또한 심리적 입사 과정을 통해 신성의 발현과도 같은 지도자와 신비적 합일 상태에 이른다. 다소간 범박하게 말하는 것이 허용된다면, 파시스트 지도자들이 이처럼 대중에게 강력한 정서적 호소력을 행사한다는 것이 바타유가 뒤르켐과 마르크스, 프로이트, 헤겔의 이론 및 이슬람, 보나파르티즘 등의 다양한 이론적, 역사적 참조점들을 경유해 가며 제시하고 있는 파시즘 분석의 요체이다. 그러나 궁극적으로 파시즘은 전복적 혁명이 아니라 동질성의 유지로 귀착되는 반동으로 나타난다. 왜냐하면 그들 자신이 기존 사회의 동질성을 깨뜨리는 이질적인 것임에도 불구하고, 파시스트 지도자들은 사회의 근본적인 변혁을 향해 나아가기보다는 왕적 권력의 복원을 통해 자신을 제외한 다른 이질적 힘들을 축출하거나 제거하려는 방향으로 나아가기 때문이다.

20세기 초 유럽은 국왕이나 군주가 지닌 하나의 강력한 명령적 힘이 부재하는 상황이었고, 이에 따라 전복을

향하는 이질적 요소들뿐만 아니라 사회적 분열로 인해 이
질화되기 시작한 요소들 및 기존의 동질성에 통합되려고
하는 경향들이 혼재하는 상황이었다.

바타유의 말에 따르면, 군주제 사회에서는 단일한 명
령적 형태에 대한 저항이라는 단 하나의 가능성밖에 존재
하지 않기 때문에, 오히려 이 명령적 형태에 대한 전면적
인 전복을 향해 나아가기 쉽다. 반면 군주제와 단절한 민
주주의 사회에서는 명령적 형태에 반하는 사회주의적 전
복만이 유일한 정치적 가능성으로 되지 않는다. 기존의
동질적 사회의 위기 속에서 여러 다양한 가능성이 분출되
어 나오는 가운데, 오히려 파시즘이 출현할 수 있는 가능
성이 존재한다. 그리고 그 많은 가능성들 가운데 특히 파
시즘이 성행할 수 있었던 이유는 단지 빈곤층을 배척하기
만 했던 군주제나 단 하나의 계급만을 일으켜 세우려 했
던 사회주의 세력과 달리, 파시즘이 여러 다양한 계급들
을 통합하는 데 성공했기 때문이다. 즉 파시즘은 기존의
동질적 사회로부터 분열되기 시작한 세력들을 포함하여,
특히 군대(민병대)를 통해 프롤레타리아트를 매혹의 정서
적 과정 안으로 통합시킴으로써(이 정서적 매혹은 프롤레타
리아로서의 계급의식 각성에 앞선다), 이질적 요소들을 동질

성의 경계 안으로 끌어들였다. 이는 결과적으로 파시즘이 비생산적 소비의 에너지를 동질성 안으로 흡수함으로써 전복적 혁명의 가능성을 차단한 것이다.

*

파시즘 현상은 인간 본성 및 사회 구조가 과잉 에너지의 비생산적 소비를 필요로 한다는 바타유의 논점을 뒷받침하는 또 다른 사례라고 할 수 있을 것이다. 인간 존재와 현대 사회를 진단하려고 할 때, 바타유는 인간의 기능보다도 존재 그 자체에 관심을 가진다. 바타유에게 존재한다는 것은 유용성이라는 목적 없이 행동하는 것, 보존 없이 소비한다는 것을 뜻한다. 그리고 주권적이라는 것은 이처럼 결코 필요성이나 유용성에 의해 정당화될 수 없는 것을 소비하는 것이다. 바타유 자신의 표현에 따르면, "유용성 너머의 삶이 주권의 영역이다."[7] 사실상 이는 이질성의 영역, 천박하고 비열한 것과 높고 순수하고 고귀한 것들이 함께 놓이는, 고귀한 자와 비천한 자가 사실상 동등

---

7 G. Bataille, "La Souveraineté," *Œuvres complètes* (Paris: Gallimard, 1976), t. VIII, p. 198.

해지는 영역이다.

파시즘은 바로 이러한 "잠재적인 주권적 심급이 급격하게 재활성화된 것"(45-46)으로서, 그것은 대중으로 하여금 권력과 영광의 감각을 갖게 해 준다. 그렇다면 여기서 자연스럽게 솟아나는 질문은 일찍이 하버마스가 제기했던 질문처럼[8] 이러한 "되살아난 정서적 힘"(71), 즉 원초적이고 순수한 에너지의 방출이 자발적이고 전복적으로 표출되는 것과 파시즘에 의해 흡수되는 것을 어떻게 구별하느냐는 것이다.

어떤 면에서 본다면 바타유가 기술하고 있는 "… 갈수록 폭력적이며 갈수록 과도해지는 권력 및 에너지에 대한 공통 의식"(29-30)은 파시즘의 원천일 뿐만 아니라, 억압적인 명령적 형태들에 반하는 전복적 혁명의 불꽃이 발화하는 원천이기도 하다. 즉 지도자에게 흡수되고 통합되기 이전에 대중들이 경험하는 이 정서적 체험이 과연 혁명적인가 반동적인가 하는 것에 대해, 그 에너지가 어떤 방향으로 나아갈지에 대해 우리는 원칙적으로 답할 수 없다. 우리가 할 수 있는 얘기는 다만 다음과 같은 것이다.

8　위르겐 하버마스, 『현대성의 철학적 담론』, 이진우 옮김, 문예출판사, 1995, 265쪽 참조.

동질적 사회는 이질적인 것을 배제함으로써만 존재할 수 있으며, 부르주아지는 주변부로 밀려난 프롤레타리아트와 접촉하지 않아야만 자신들의 계급적 특권을 유지할 수 있다. 그렇기 때문에 계급 없는 사회가 달성되기 위해서는 동질적인 것과 이질적인 것 사이의 경계가 폭력적이며 과도한 권력 및 에너지에 의해, 즉 일종의 폭력적인 과잉excès에 의해 파열되어야만 한다. 사회 구조의 전면적 변화를 가져오는 혁명은 일부 개인들의 각성만으로는 충분치 않으며, 분명 일상적이고 개별적인 의식과는 다른 어떤 집합적 열광effervescence collective 상태를 필요로 한다. 그리고 이때 만일 우리가 그 측면들을 고찰하고자 한다면, 확고부동한 것처럼 보였던 위계질서의 분열을 가능케 하는 이질적인 것의 호소력, 대중을 휩싸는 정서가 지닌 힘과 그 열광의 배출구에 주의를 기울일 수밖에 없다.

바타유는 분명 이 글을 파시즘 대 공산주의라는 이분법적 관점에서 전개하지 않는다. 말하자면 그는 사회 변혁이라는 궁극 목적을 위해 이질성을 한군데에 집결시킬 수 있는 정치적 조직 형태를 모색하지도 않고, 특정한 방향으로 이어지는 전환의 가능성을 향해 분석을 이끌어 가지도 않는다. 왜냐하면 "역사적 변화란 일정한 목적을 향하게 할 수도 없고 통제할 수도 없다"[9]는 것을 인정하고 있기 때문이다. 그러나 그렇다고 해서 그가 마냥 파시즘을 찬양하고 있는 것도 아니다. 바타유는 이 글에서 단지 명령적 형태와 비참한 형태, 그리고 전복적 형태까지 포함하는 이질성과 그 구조의 변화, 정치, 군대, 종교와 같은 상부구조 형태들에서 이질적인 것이 불러일으키는 매혹과 혐오의 정서적 반응들이 하는 역할과 파시즘의 광풍으로 이어지는 그 광범위한 효력을 기술하고 있을 따름이다. 본문 맨 첫 번째 주석에서 일찍이 그가 적고 있듯, 바타유는 관념화된 동질적 세계를 제시하는 과학의 추상적 방법을 통해서가 아니라 단지 체험에 근거해서만 이 모든 것을 기술하고자 한다.

아마도 그는 전 세계적 격동의 시기에 스스로 체험한 것을 기술하고자 했을 것이다. 즉 당대 분출하던 다양한 정치적 움직임들과 그 배후의 이질적인 힘의 양상들을, 이질적인 것 자체 안에 내재한 반동과 혁명의 이중적 가능성을, 그리고 특히 전복의 가능성을 잃어버리고 지도자의 명령적 힘 속으로 흡수되어 가고 있던 당대의 군중들을 기술하고자 했을 것이다. 1935년, 바타유는 이를 소설

---

9 G. Bataille, "La Notion de dépense," *Op. cit.*, p. 45. [국역본 48쪽.]

의 형태를 빌려 다음과 같이 변주하고 있다.

내 앞쪽의 극장 계단에서는 아이들이 군대식 대형을 이룬 채 부동자세를 취하고 있었다. 그들은 검은색의 짧은 빌로도 바지와 어깨끈 장식이 있는 작은 저고리를 입고 있었고, 모자는 쓰지 않고 있었다. 오른쪽에는 피리가, 왼쪽에는 납작한 북이 있었다. … 그 드넓은 텅빈 광장 앞에서 소나기를 맞으며 뜸하게 지나가는 행인들을 위해 어둠 속에서 연주를 하고 있는 그 모든 나찌당 아이들은(그들 중 몇 명은 금발머리에 토실토실한 얼굴을 갖고 있었다.) 막대기처럼 뻣뻣한 것이 대재난의 환희에 빠져든 듯 보였다. 그들 앞에는 물고기처럼 심술궂은 얼굴에 변절자처럼 야위어 있는 소년 지휘자가 있었는데 (때때로 그는 몸을 돌리고는 개가 짖듯이 헐떡이며 지시를 하곤 했다.) 짐승의 발작적인 동작으로 지휘봉의 끝 부분을 입 높이까지 올려 세웠다. 배로부터 입으로, 피로 물든 대포의 일제 포격 소리로 변화되리라는 희망 속에서 절정으로 향하고 있었다. 나는 먼 곳을 바라보았다…. 전투 대열을 이루고 있는 소년병들, 그들은 꼼짝않고 있었지만, 그러나 최면 상태에 들어가 있었다. 나는 죽음으로 향하려는 희망에 매

혹된 내 가까이의 아이들을 보았다. 그들은 언젠가는 끝
없이 펼쳐진 벌판의 환각에 사로잡혀 햇살 아래 웃으며
전진하리라. 아이들은 그들 뒤에 죽어가는 자들과 죽음을
남기리라.[10]

　마지막으로 바타유는 "매혹과 혐오의 사회적 운동에
집중하는 인식 체계"(71)의 필요성에 관한 논의로, 즉 이
질성에 관한 과학, 이질학의 필요성에 대한 논의로 이 글
을 끝맺고 있다. 이질적인 것이란 사회학이나 문화인류학
의 영역에서는 종교적이거나 주술적인 실천을 가리킬 뿐
만 아니라, 정치적 영역에서는 신과 흡사한 지도자의 존
재와 동시에 하층 계급(불가촉천민)을 의미하며, 심리적 영
역에서는 의식과 대비되는 무의식의 등가물이다. 바타유
는 이처럼 드넓은, 거의 한계 없는 영역, 과학에 의해 배제
된 몫, 이성적이고 합리적 의식의 틀로는 결코 포착할 수

10　G. Bataille, "Le Bleu du ciel," *Œuvres complètes* (Paris: Gallimard, 1971), t.
　　III, pp. 486-487. [『눈 이야기』, 이재형 옮김, 푸른숲, 1990, 192-193쪽.]
　　[옮긴이] 해당 국역본에는 바타유가 로드 오슈Lord Auch라는 가명으
　　로 1928년 출간한 소설 『눈 이야기』와 『하늘의 푸른 빛』이 동시에 수
　　록되어 있다. 두 소설은 동일 역자에 의해 2017년에 비채 출판사에서
　　각기 출간되었다.

없는 인간 존재의 본질적인 부분에 접근하고자 한다. 그런데 정의에 따르면 과학이란 동질화하는 것이므로, 있는 그대로의 이질학이란 그 자체로 불가능하다. 바타유는 바로 이 불가능성에 직면하고자 한다. 달리 말해, 이론가의 의식이 사회를 근본적으로 조건 짓는 이질성과 맞닥뜨려야 한다면, 바타유는 그 자신의 정치적·이론적 통찰력의 결과를 몸소 따르고 있는 것이다. 만일 지성이 결코 도달할 수 없는 무한대의 광활한 비지非知, non-savoir의 영역이 있다는 것을 인정한다면, 분과 학문의 경계를 위반하고 감히 불가능을 무릅쓰는 그의 사유에 우리는 다소간 경의를 표하지 않을 수 없다.

파시즘은 무엇보다 집중으로, 이를테면 권력의
응축으로 나타난다. 게다가 이 일반적인 의미
는 다양한 방향에서 받아들여져야 한다. 명령
적 힘들의 완성된 재결합은 정점에서 이루어지
지만, 그 과정은 어떠한 사회적 분파도 비활동
적인 채로 놔두지 않는다. 사회주의와 근본적
으로 대립하는 파시즘은 각 계급들의 재결합으
로 특징지어진다. 이는 자신들의 통일성에 대
한 의식을 지닌 계급들이 체제에 동조하기 때
문이 아니라, 권력의 장악으로 귀착했던 심층
적인 찬동의 움직임 속에서 각 계급의 표현적
인 요소들이 재현되었기 때문이다.

_ 본문 중에서

979-11-90186-19-3 (93180) 10,000원

아스팔트를 뚫고
피어난 꽃

- 자본주의 시대
기후 변화에 대한 단상

비자이 프라샤드 엮음   주선영 옮김

카를로스 드루몬드 지 안드라지
나오미 클라인
존 벨러미 포스터
가산 하게
라피아 자카리아
마스투라 알라타스
샬리니 싱
수전 아불하와
아미타브 고시
비자이 프라샤드

엮은이

비자이 프라샤드 Vijay Prashad
인도 출신 역사학자이며 언론인이다. 미국 트리니티 대학교 국제
관계학 및 남아시아 역사학 교수이며, 인도 레프트워드 북스 편집
장, 트리컨티넨탈(https://www.thetricontinental.org) 디렉터를
맡고 있다. 《갈색의 세계사》가 번역 소개되어 있다.

지은이

가산 하게 Ghassan Hage
레바논 출신 인류학자. 호주 멜버른 대학교 인류학 및 사회 이론 교수
이다. 《White Nation》(2000), 《Against Paranoid Nationalism》
(2003), 《Is Racism an Environmental Threat?》(2017) 등을 저술했다.

나오미 클라인 Naomi Klein
캐나다의 언론인, 베스트셀러 작가이다. 기후 변화와 자본주의를
다룬 《이것이 모든 것을 바꾼다》 등 여러 권의 책을 썼으며 대다수
가 한국어로 번역 소개되어 있다.

라피아 자카리아 Rafia Zakaria
파키스탄의 칼럼니스트, 작가이다. 《The Upstairs Wife: An Intimate
History of Pakistan》(2016)과 《Veil》(2017)을 썼다. 〈뉴욕타임스〉,
〈가디언〉을 비롯한 다양한 매체에 글을 기고하고 있다.

마스투라 알라타스 Masturah Alatas
싱가포르에서 태어나 말레이시아에서 언론인으로 활동했다. 1992
년부터 이탈리아 마체라타 대학교에서 영어를 가르치고 있다. 〈카
운터펀치 Counterpunch〉 정기 기고가이며 기후 변화를 주제로 한
이야기책을 썼다.

샬리니 싱 Shalini Singh
인도 델리를 중심으로 활동하는 언론인이다. 환경 문제 보도에 기
여한 공로를 인정받아 2012년 프렘 바티아 상을 수상했으며, 인도
농민 아카이브(People's Archive of Rural India, ruralindiaonline.
org) 설립자이다.

수전 아불하와 Susan Abulhawa
팔레스타인 소설가 겸 시인이다. 아이들에게 뛰어놀 권리를 보장하
기 위해 노력하는 자생 조직인 '팔레스타인 아이들에게 놀이터를'
(Playgrounds for Palestine)의 설립자이다. 소설 《예닌의 아침》이
한국어로 번역 소개되어 있다.